新时代智库出版的领跑者

国家智库报告 2023（38）
National Think Tank
经 济

中国人力资源市场发展报告（2023年）
——建立高质量人力资源市场体系

蔡翼飞 程杰 管振 马佳丽 著

CHINESE HUMAN RESOURCES MARKET DEVELOPMENT REPORT 2023: BUILDING A HIGH-QUALITY HUMAN RESOURCES MARKET SYSTEM

中国社会科学出版社

图书在版编目（CIP）数据

中国人力资源市场发展报告.2023年：建立高质量人力资源市场体系/蔡翼飞等著.—北京：中国社会科学出版社，2023.12
（国家智库报告）
ISBN 978-7-5227-2825-4

Ⅰ.①中⋯ Ⅱ.①蔡⋯ Ⅲ.①劳动力市场—研究报告—中国—2023 Ⅳ.①F249.212

中国国家版本馆CIP数据核字（2023）第234348号

出 版 人	赵剑英
责任编辑	李斯佳
责任校对	刘　娟
责任印制	李寡寡

出　　版	中国社会科学出版社
社　　址	北京鼓楼西大街甲158号
邮　　编	100720
网　　址	http://www.csspw.cn
发 行 部	010-84083685
门 市 部	010-84029450
经　　销	新华书店及其他书店
印　　刷	北京君升印刷有限公司
装　　订	廊坊市广阳区广增装订厂
版　　次	2023年12月第1版
印　　次	2023年12月第1次印刷
开　　本	787×1092　1/16
印　　张	6
插　　页	2
字　　数	101千字
定　　价	39.00元

凡购买中国社会科学出版社图书，如有质量问题请与本社营销中心联系调换
电话：010-84083683
版权所有　侵权必究

摘要： 本书使用中国社会科学院人口与劳动经济研究所与人力资源和社会保障部人力资源流动管理司联合开展的人力资源市场动态监测数据，从需求侧、供给侧与供需匹配三个方面研究了人力资源市场运行态势、问题挑战和政策建议，以期为推动就业工作和完善就业政策提供决策参考。

在需求方面，人力资源市场呈现五个方面的特征：一是地区发展不平衡，东部地区承压较大，复苏迹象已经显现，东北地区和西部地区运行不稳定。二是制造业、房地产业等部门恢复缓慢，拖累了就业增长，生活性服务业、科教文卫等部门创造了新增岗位，稳住了就业形势。三是私营企业尤其是中小企业用工需求稳步复苏，港澳台投资企业与外商投资企业用工需求持续收缩。四是企业对生产岗、技术岗和销售岗的招聘需求较高，而对管理岗的招聘需求较低。五是中小型市场主体就业需求稳步增长，发挥了就业"稳定器"功能，而大型市场主体受制于经济下行压力，就业需求增长动力不足。

在供给方面，一是重点就业群体面临短期就业难与长期失业风险的双重挑战，求职人员工作搜寻周期延长，长期失业风险加大，工资预期下降，尤其是高校毕业生初次进入劳动力市场，工作经验缺乏，匹配难度较大，工作搜寻周期普遍比农民工、中专生更长。二是求职人员在工作转换过程中普遍表现出从生产、销售类岗位向技术、服务类岗位转换的需求偏好。三是就业预期下降反映出求职人员的工作搜寻难度加大，其中高校毕业生期望工资水平继续下降，而农民工期望工资水平出现反弹。四是求职行为与就业服务需求存在差异，高校毕业生相对更看重职业发展、单位影响力，而低学历农民工相对更看重工作稳定性和通勤时间。

在供需匹配方面，人力资源市场承受经济下行压力与新冠疫情反复冲击，总体运行保持稳定，但就业需求疲软，市场主体预期偏弱，招工难与就业难并存的结构性矛盾依然突出。人力资源服务产业园发挥了集聚效应，促进了就业高质量发展；但该行业的发展也存在人力资源服务业产业体系尚不完善、制度和政策体系有待完善、人力资源服务业和劳动者议价能力下降等问题。

为积极应对后疫情时期经济波动和外部环境不确定性带来的挑战，本书提出了短期促进就业稳定和长期建立高质量人力资源市场体系的思路，并在稳住经济与就业复苏良好局面、提高人力资源匹配效率、化解长期失业风险与结构性就业矛盾、加快人力资源服务业制度建设等方面提出了相关政策建议。

关键词： 人力资源市场　人力资源服务业　供需匹配　高校毕业生

Abstract: This report used dynamic monitoring data of the human resource market, jointly conducted by the Institute of Population and Labor Economics of the Chinese Academy of Social Sciences and the Human Resources Mobility Management Division of the Ministry of Human Resources and Social Security, to study the operational situation, challenges, and policy recommendations of the human resources market from three perspectives: demand, supply, and matching between supply and demand. The aim is to provide decision-making references for promoting employment and improving employment policies.

On the demand side, the human resource market presents five features: (1) Regional development is unbalanced, with the eastern region facing significant pressure, showing signs of recovery, while the northeastern and western regions are unstable. (2) Sectors like manufacturing and real estate are recovering slowly, dragging down employment growth, while sectors like daily life services and education have created new positions, stabilizing the employment situation. (3) Private enterprises, especially small and medium-sized enterprises (SMEs), are steadily recovering in terms of labor demand, while the demand for labor in Hong Kong, Macao, Taiwan, and foreign-invested enterprises continues to shrink. (4) Companies have a higher demand for recruitment in production, technical, and sales positions, but lower for management positions. (5) SMEs have steadily increasing employment demands, playing the role of employment "stabilizers", whereas large entities are constrained by the economic downturn and lack motivation for employment growth.

On the supply side: (1) Key employment groups face the dual challenge of short-term employment difficulties and long-term unemployment risks. Job seekers, especially university graduates entering the labor market for the first time, lack work experience, making it harder for them to find suitable positions. Their job search period is generally longer compared to migrant workers and vocational school graduates. (2) Job seekers generally show a preference for transitioning from production and sales positions to technical and service positions. (3) The decrease in employment expectations reflects the increased difficulty for job seekers in finding work. While the expected salary level of university graduates continues to decline, that of migrant workers has rebounded. (4) There are differences in job-seeking behaviors and employment service needs. University graduates place more emphasis on career development and the reputation of the employer, while less educated migrant workers prioritize job stability and commuting time.

Regarding supply-demand matching, the human resource market faces pressures from economic downturns and repeated shocks from the COVID-19 pandemic. While overall operation remains stable, there are prominent structural contradictions between recruitment difficulties and employment challenges. Human resource service parks have played a role in clustering effects, promoting high-quality employment development. However, there are challenges in the development of this industry, including an imperfect HR service industry system, policies that need further refinement, and decreased bargaining power for laborers in the HR service industry.

To actively address challenges brought by post-pandemic economic fluctuations and external uncertainties, the report proposes ideas for short-term employment stability and long-term establishment of a high-quality human resources market system. Recommendations focus on sustaining a positive economic and employment recovery scenario, improving human resource matching efficiency, mitigating long-term unemployment risks and structural employment contradictions, and accelerating the institutional construction of the human resources service industry.

Keywords：Human Resource Market；Human Resources Service Industry；Supply-Demand Matching；University Graduates.

目 录

一 总论 (1)
  (一) 研究目标 (1)
  (二) 研究方法与数据 (2)
  (三) 研究框架设计 (2)
  (四) 主要结论与启示 (3)

二 新冠疫情冲击下人力资源市场运行特征与挑战 (6)
  (一) 人力资源市场需求疲软 (6)
  (二) 普通岗位和劳动者遭受更大冲击 (9)
  (三) 人力资源市场恢复预期偏弱 (11)
  (四) 人力资源市场结构性矛盾突出 (12)
  (五) 人力资源市场运行总体判断 (14)

三 人力资源需求特征与形势变化 (17)
  (一) 用工需求总体状况 (17)
  (二) 不同企业用工需求差异 (19)
  (三) 用工需求结构差异 (27)
  (四) 用工需求预期变化 (30)
  (五) 用人单位面临的问题与挑战 (36)
  (六) 人力资源市场需求侧的总体判断 (38)

四 人力资源供给特征与形势变化 ……………………………… (40)
  （一）高校毕业生就业形势日趋严峻 ……………………… (40)
  （二）从生产岗位向技术岗、服务岗转换是普遍的
      求职偏好 ……………………………………………… (43)
  （三）高校毕业生期望工资水平继续下降，农民工
      期望工资水平出现反弹 ……………………………… (44)
  （四）求职人员工作搜寻周期延长，长期失业
      风险加大 ……………………………………………… (45)
  （五）平台兼职与自主创业成为高校毕业生的
      就业方式 ……………………………………………… (46)
  （六）新冠疫情防控政策调整增强了就业信心，
      高校毕业生的就业预期依然偏紧 …………………… (47)
  （七）求职行为与就业服务需求存在差异 ………………… (49)
  （八）人力资源市场供给侧的总体判断 …………………… (50)

五 人力资源匹配与人力资源服务业发展 …………………… (52)
  （一）人力资源服务业发展整体情况 ……………………… (53)
  （二）人力资源服务机构的结构特征与服务内容：
      基于微观样本的分析 ………………………………… (59)
  （三）人力资源服务业面临的问题与挑战 ………………… (68)
  （四）人力资源服务业转型升级路径 ……………………… (72)

六 积极应对外部冲击，建设高质量人力资源
  市场体系 ……………………………………………………… (76)
  （一）后疫情时期的稳就业政策 …………………………… (76)
  （二）建设高质量人力资源市场体系 ……………………… (78)

参考文献 ……………………………………………………………… (81)

后　记 ………………………………………………………………… (82)

一　总论

（一）研究目标

中国人口与经济结构加快转变，劳动力市场发生深刻变化，人力资源作为国家最重要的战略资源，如何充分挖掘并利用好人力资源对于高质量发展阶段中国经济转型至关重要。当前中国就业结构性矛盾突出，及时掌握人力资源供求动态以及匹配状况，对于促进新时期就业工作具有重要意义。

当前官方权威、有全国代表性的劳动力市场监测数据主要来自国家统计局、人力资源和社会保障部相关部门的常规监测项目，主要通过住户抽样调查和企业用工调查实施，依托人力资源服务机构及时掌握就业动态是一个重要的补充，有助于决策部门更加及时、全面地了解就业状况。按照《人力资源和社会保障事业发展"十四五"规划》以及相关部门工作部署，为创新加强就业形势分析研判，更好地发挥人力资源服务机构作用，中国社会科学院人口与劳动经济研究所与人力资源和社会保障部人力资源流动管理司联合开展人力资源市场动态监测，围绕高校毕业生、农民工等群体，通过人力资源服务机构定期调研，每季度形成分析报告，为推动就业工作和完善就业政策提供决策参考。

（二）研究方法与数据

研究团队初步建立了持续、动态、反映供需两侧的人力资源市场监测体系。按调查任务和目标，完成人力资源一线观察调查方案和问卷设计，每季度末定期组织开展调查。调查涵盖岗位供给、求职需求、供需匹配三个层面，通过人力资源服务产业园、人力资源服务企业、各级人才公共服务机构发放调查问卷。自主设计问卷在线调查系统，保障调查数据质量和数据安全性。

依据填报信息完整度和准确度、逻辑关系等调查数据进行清理，剔除无效样本，形成最终调查分析数据（见表1-1），编制调查样本权重，利用专业统计分析软件对数据进行分析。研究编制定期追踪的关键指标，重点开展结构分析和趋势分析，关注人力资源市场新现象、新问题，基于调查数据分析发现提出政策建议。

表 1-1　　2022 年度人力资源市场监测样本情况

	用人单位（家）	求职人员（人）	人力资源机构（家）
一季度	421	4568	/
二季度	1299	6672	/
三季度	1541	6496	1606
四季度	1226	4822	884

（三）研究框架设计

探索建立持续、动态、反映供需两侧的人力资源市场监测体系。从需求侧、供给侧与供需匹配三个方面，观察人力资源市场运行态势。需求侧分析从市场主体用工需求状况进行考察，考察维度包括人力资源需求的总体形势、不同类型企业用工需求、用工的人力资本结构、需求岗位的技能结构、用工需求的预期变化等角度。供给侧分析从求职人员自身体征以及求职状态进行考察，考察维度包括高校毕业生就业态势、求职岗位的分布、工作搜寻和转换、工资预期等方面。供需匹配侧分析主要研究了人力资源供给和需求之间的数量与结构差异问题；此外，由于人力资源服务机构是人力资源供需匹配的重要载体，本书重点考察了各类人力资源服务机构的发展现状和面临问题，从而间接反映人力资源供需匹配的状况。

（四）主要结论与启示

人力资源需求方面呈现出以下特征：一是从地区发展看，东部地区承压较大，复苏迹象已经显现，中部地区和东北地区就业恢复势头良好，西部地区运行还不稳定。二是从行业结构看，制造业、房地产业等部门恢复缓慢，拖累了就业增长，生活性服务业、科教文卫等部门创造了新增岗位，稳住了就业形势。三是从企业所有制性质看，私营企业，尤其是中小企业用工需求稳步复苏，港澳台投资企业与外商投资企业用工需求持续收缩。四是企业对生产岗、技术岗和销售岗的招聘需求较高，而对管理岗的招聘需求较低。五是从不同规模企业就业创造看，中小型市场主体就业需求稳步增长，在经济下行过程中发挥了就业"稳定器"功能，而大型市场主体受制于经济下行压力，就业需求增长动力不足。

人力资源供给呈现出以下特征：一是从工作搜寻时间看，重点就业群体面临短期就业难与长期失业风险的双重挑战，工作搜寻周期逐步延长，期望工资趋于下降。二是从工资预期水平看，求职人员在工作转换过程中普遍表现出从生产岗、销售岗向技术岗、服务岗转换的需求偏好。三是从岗位需求看，求职人员工作搜寻周期延长，长期失业风险加大，尤其是高校毕业生初次进入劳动力市场，工作经验缺乏，匹配难度较大，工作搜寻周期普遍比农民工、中专生更长。四是从技能需求的偏好看，就业预期下降反映出求职人员的工作搜寻难度加大，其中高校毕业生期望工资水平继续下降，而农民工期望工资水平出现反弹。五是求职行为与就业服务需求存在差异，高校毕业生相对更看重职业发展、单位影响力，而低学历农民工更看重工作稳定性和通勤时间。

从人力资源的供需匹配上看，人力资源市场承受经济下行压力与新冠疫情反复冲击，总体运行保持稳定，但就业需求疲软，市场主体预期偏弱，招工难与就业难并存的结构性矛盾依然突出。人力资源服务业是连接劳动供需双方的平台，2022年人力资源服务机构发挥了就业创造与就业乘数效应，特别是人力资源服务产业园发挥了聚集效应，促进了就业高质量发展；但该行业的发展也存在体系不完善和发展不平衡的问题，包括人力资源服务业产业体系尚不完善、发展层次偏低，推动人力资源服务业发展的制度和政策体系有待完善，平台企业垄断势力增强导致人力资源服务业和劳动者议价能力下降等。

2022年以来新冠疫情形势与防控政策进行重大调整，预计未来几年经济运行加快恢复，就业需求稳步复苏，市场主体和求职人员呈现审慎乐观的态度。积极应对新冠疫情冲击，建立高质量、高标准的人力资源市场体系，促进更加充分、更高质量就业，建议重点从以下几个方面着手。

一是稳住经济与就业复苏良好局面。新冠疫情防控政策调整的短期效果逐渐消失，部分市场主体存在观望心态，总需求不足仍然是稳就业的主要挑战。建议继续强化政策激励，加大降费减税力度，支持制造业和中小企业全面复苏，稳定市场主体的良好预期，激发投资活力，积极创造更多就业岗位。

二是完善高校毕业生进入劳动力市场过渡期的支持政策。

教育部门与人力资源部门应该进一步加强政策衔接，保证就业工作的连续性，加强毕业生离校后就业监测，及时提供有针对性的就业服务和技能培训，积极帮助就业困难群体渡过难关。鼓励搭建针对应届毕业生求职平台，拓宽校企合作渠道，加强产教信息衔接。为初次进入劳动力市场的求职人员，尤其是高校毕业生提供专门的就业搜寻培训。

三是积极化解长期失业风险与结构性就业矛盾。构建以产业发展需求、高质量就业为导向，以企业、院校和各类培训机构为依托，以职业素养培训、岗位技能提升培训和就业创业培训为主要内容，覆盖全体劳动者、贯穿学习工作终身、适应人才成长需要的多层次职业技能人才培养培训体系。将中专生、低技能青年农民工等劳动力市场细分群体纳入重点监测对象，关注特定群体的中长期失业风险，制定有针对性的就业培训政策，避免长期未就业导致的人力资本折损。引导用人单位规范招聘行为，避免过度提高工作经验、学历、专业等门槛。

四是推动建设高标准人力资源市场体系。充分发挥人力资源服务业的就业创造与就业带动作用，规范市场秩序、整顿非法中介，建立统一、规范的行业标准，加强人力资源服务业人才培训体系建设，强化人力资源服务业政策支持力度，政府为人力资源机构与优质企业搭建合作平台。确保民营人力资源服务机构的公平市场竞争地位，强化人力资源服务业专业人才队伍建设，完善人力资源服务与教育、培训、工商、法律、协会等部门协调机制。支持国家级人力资源服务产业区建设，健全和规范人力资源服务业发展的政策支持体系，为人力资源服务企业发展营造良好的区域环境。

二 新冠疫情冲击下人力资源市场运行特征与挑战

近年来，我国人力资源市场承受经济下行压力与新冠疫情反复冲击。人力资源市场运行总体保持稳定，就业需求疲软，地区发展不平衡，市场主体预期偏弱，岗位招聘需求与求职人员就业偏好存在不匹配现象，招工难与就业难并存的结构性矛盾依然突出，结构转型与外部冲击构成人力资源市场的双重挑战。

（一）人力资源市场需求疲软

用人单位就业需求小幅增长，东部地区呈现复苏迹象。如图2-1、表2-1所示，2022年全国四季度用人单位岗位净增长率为1.0%，较三季度下降0.1个百分点，新冠疫情形势重大变化拖累了经济和就业复苏步伐。东部地区承受住了经济下行压力，四季度用人单位岗位净增长率反弹到1.7%，较三季度上升了1.3个百分点，但离职率偏高，达到了7.0%，反映出东部地区经济与劳动力市场正在经历较大调整。中部地区和东北部地区延续了良好的就业恢复势头，四季度用人单位岗位净增长率分别提高到3.2%和5.4%，但西部地区用人单位就业需求出现负增长，较三季度呈现明显反差，反映出经济与劳动力市场运行的不稳定。

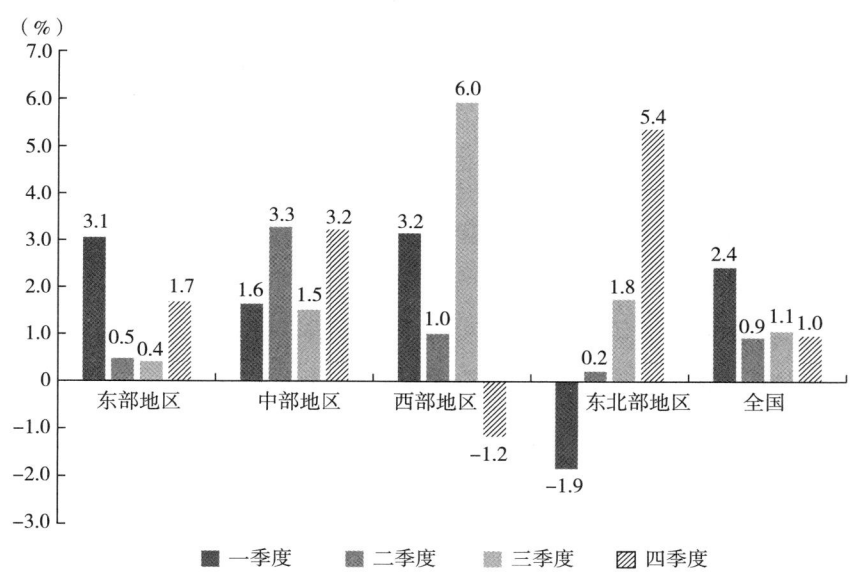

图 2-1　2022 年一至四季度用人单位岗位净增长率

注：四季度岗位净增长率=（招聘岗位数-离职岗位数）/期末在岗职工人数。一季度、二季度、三季度数据分别来源于 2022 年 3 月 26 日至 2022 年 4 月 10 日、2022 年 6 月 11 日至 2022 年 6 月 21 日、2022 年 9 月 20 日至 2022 年 10 月 7 日、2022 年 12 月 26 日至 2023 年 1 月 8 日开展的"一线观察"监测。以下类似。

表 2-1　　　　　　　　2022 年四季度用人单位招聘需求状况

	发布招聘岗位占在岗职工比例（%）	实际招聘岗位占在岗职工比例（%）	招聘完成率（%）	离职率（%）
东部地区	12.1	8.7	71.8	7.0
中部地区	9.2	6.8	74.0	3.6
西部地区	3.7	2.7	73.9	3.9
东北部地区	12.7	8.7	68.7	3.3
全国	8.1	5.9	72.7	4.9

注：招聘完成率=实际招聘岗位数/发布招聘岗位数，离职率=离职人数/期末在岗职工人数。

制造业和房地产业等传统就业吸纳能力强的部门恢复缓慢，居民服务、维修和其他服务业等服务业的就业需求增长较快。

私营企业仍然是就业需求的重要推动力量,四季度私营企业岗位净增长率为2.0%,较上季度提高了0.8个百分点,呈现稳步复苏态势,港澳台投资企业、外商投资企业的就业需求持续收缩。四季度服务业成为就业需求增长的主要部门,居民服务、维修和其他服务业岗位净增长率达到11.0%,租赁和商务服务业岗位净增长率达到8.7%,教育岗位净增长率达到15.2%,但制造业就业复苏依然缓慢,岗位净增长率仅为0.2%,房地产业就业需求出现负增长(见表2-2)。

表2-2 2022年一至四季度不同行业用人单位岗位净增长率 单位:%

行业	一季度	二季度	三季度	四季度
农、林、牧、渔业	/	7.3	1.2	0.2
采矿业	-1.5	2.0	1.3	0.8
制造业	1.6	0.2	0.8	0.2
电力、热力、燃气及水生产和供应业	1.5	0.8	0.8	1.5
建筑业	-1.6	5.2	1.1	0.2
批发和零售业	0.7	-0.1	0	-0.8
交通运输、仓储和邮政业	3.7	7.9	1.0	2.2
住宿和餐饮业	0.8	1.2	1.5	-0.7
信息传输、软件和信息技术服务业	-2.0	1.8	1.7	2.3
金融业	-0.3	-0.3	4.1	2.3
房地产业	-7.5	-2.7	-0.2	-1.2
租赁和商务服务业	-1.4	2.4	8.6	8.7
科学研究和技术服务业	4.3	1.5	2.7	2.6
水利、环境和公共设施管理业	0.7	1.5	8.0	24.0
居民服务、维修和其他服务业	/	4.0	0	11.0
教育	3.5	-3.4	2.1	15.2
卫生和社会工作	/	7.8	0.3	6.9
文化、体育和娱乐业	2.1	2.7	0.6	1.1
公共管理、社会保障和社会组织	/	3.9	0	-0.7

注:一季度监测样本较少,部分行业数据缺失或代表性不足,不予报告。

(二) 普通岗位的劳动者遭受更大冲击

生产岗需求出现负增长,技术岗和管理岗需求持续恢复。如图 2-2 所示,四季度用人单位生产岗需求下降 3.5%,拖累了总体就业需求复苏步伐。销售岗与生产岗关联紧密,四季度岗位需求同样呈现负增长。技术岗需求增长较快,扭转了一季度以来的疲软态势,四季度用人单位岗位净增长率提高到 3.4%。管理岗需求也呈现恢复态势,四季度用人单位岗位净增长率反弹到 3.8%。

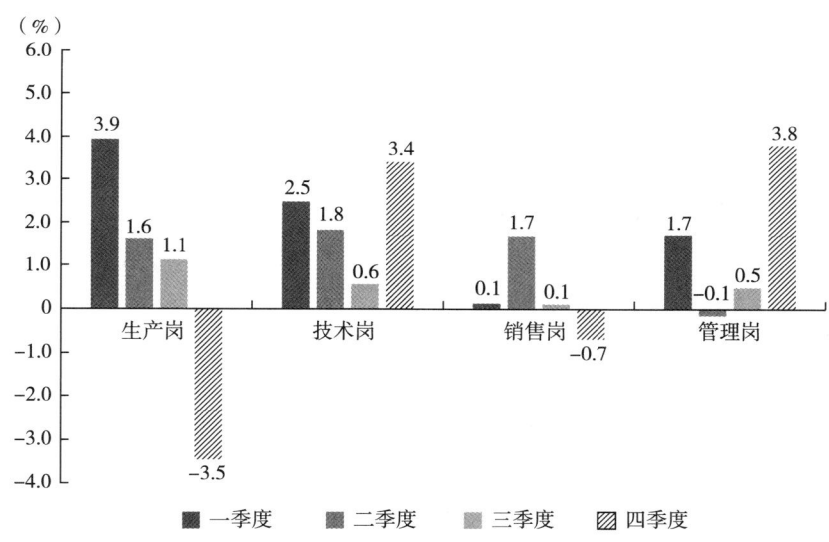

图 2-2　2022 年一至四季度不同类型岗位的净增长率

高中及以下学历的就业岗位需求出现负增长,普通低技能劳动者遭受经济下行冲击较大。生产岗大多是低学历普通劳动者,制造业疲软、生产岗收缩对低学历劳动者就业影响较大。如图 2-3 所示,四季度高中及以下学历的就业岗位需求下降 4.9%,延续了一季度以来持续收缩的态势,反映出经济下行压力下,劳动力市场中低技能劳动者更容易遭受风险冲击。大学本科、研究生及以上学历的岗位需求呈现良好的恢复态势，四季度用人单位岗位净增长率分别提高到 2.0% 和 2.1%。

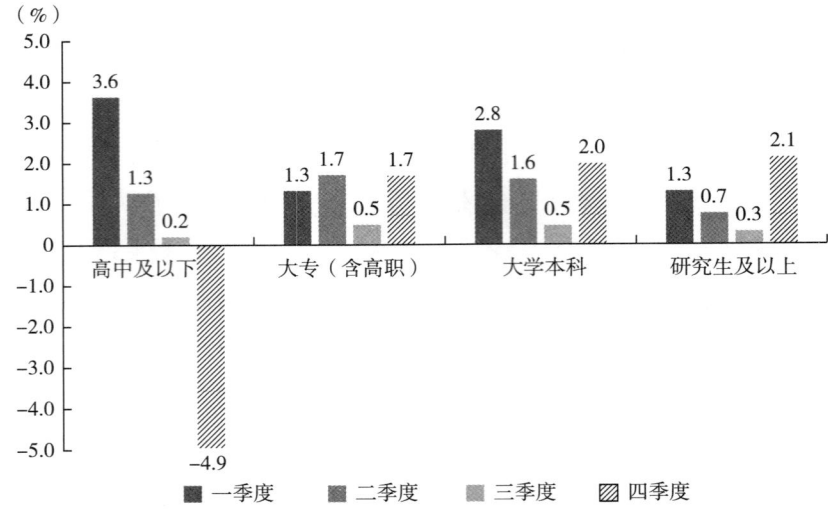

图 2-3　2022 年一至四季度不同学历就业岗位净增长率

中小型市场主体就业需求稳步增长，在经济下行过程中发挥了就业"稳定器"功能。如图 2-4 所示，四季度营业收入在

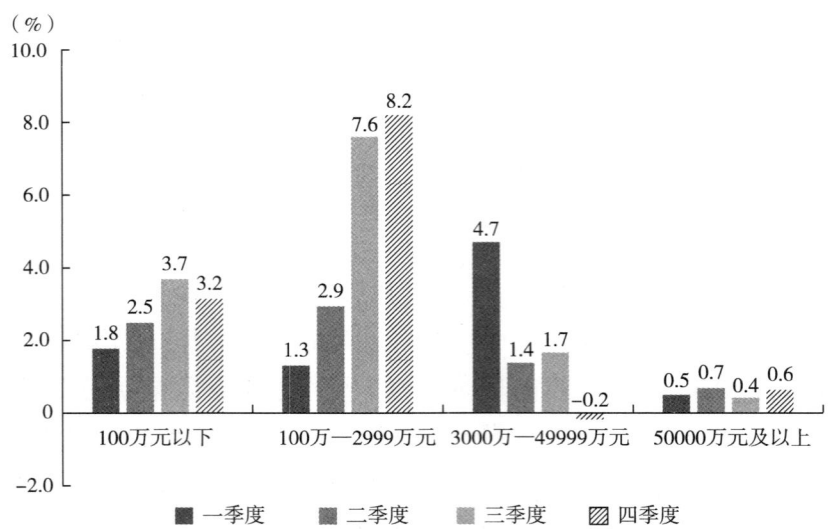

图 2-4　2022 年一至四季度不同规模用人单位岗位净增长率

注：用人单位规模按照 2021 年营业收入划分。

100万元以下、100万—2999万元的中小型市场主体岗位净增长率分别达到3.2%和8.2%，总体上延续了一季度以来的就业需求恢复态势。大型市场主体受制于经济下行压力，就业需求增长动力不足，四季度营业收入在3000万—49999万元的大型市场主体岗位需求下降0.2%。

（三）人力资源市场恢复预期偏弱

2023年一季度就业需求增长出现反弹，用人单位招聘计划显著增长，总体呈现审慎乐观的态度。2023年一季度全国用人单位计划招聘率为6.4%，计划离职率为2.4%。全国用人单位预计岗位净增长率为4.0%，较上季度提高2.6个百分点，扭转了2022年二季度以来的收缩态势（见图2-5）。在新冠疫情防

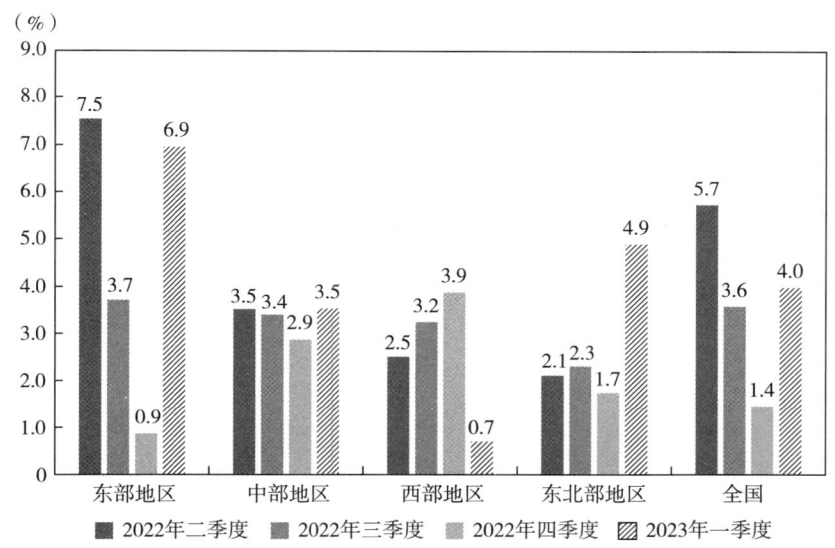

图2-5　2022年一至四季度用人单位预计岗位净增长率

注：预计岗位净增长率=计划招聘率-计划离职率，离职包含单位主动辞退和员工主动离职。计划招聘率=本季度计划招聘岗位人数/上季度末在岗职工人数，计划离职率=本季度计划解聘岗位人数/上季度末在岗职工人数。

控政策重大调整背景下，反映出用人单位对新一年经济形势的预期向好。但是，用人单位在经营策略与招聘计划方面总体保持谨慎态度，仅有 4.1% 的用人单位表示会有较大幅度扩张，57.7% 的用人单位持观望态度，表示视新冠疫情形势再做调整（见图 2-6）。类似地，仅有 12.7% 的用人单位认为 2023 年经济形势与单位经营状况将明显改善，4.9% 的用人单位认为形势将继续恶化，30.3% 的用人单位认为形势复杂、难以判断。

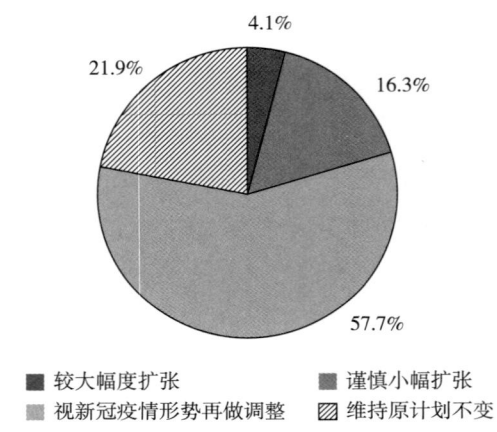

图 2-6　用人单位的经营策略与招聘计划调整情况

注：四季度全国新冠疫情防控政策进行重大调整，用人单位是否根据新冠疫情政策变化对 2023 年经营策略与招聘计划进行相应调整。

（四）人力资源市场结构性矛盾突出

求职人员在工作转换过程中普遍表现出从生产岗、销售岗向技术岗、服务岗转换的需求偏好。如图 2-7 所示，对比上一份岗位类型的分布结构，求职人员继续选择生产岗、销售岗的比例分别下降到 7.8% 和 7.4%，而技术岗和普通行政管理岗的比例分别提高到 20.0% 和 19.6%，需求偏好较强的岗位或者技术含量高，或者工作环境好。而且，高校毕业生、低学历农民工与中专生三类群体的人力资本与就业结构存在差异，但求职的需求偏好表现出趋同特征。当前结构性矛盾的突出表现为劳动力市场供需双方的需求偏好反差较大，用人单位一线生产岗的需求比重更大，这也是就业难与招工难长期并存并愈演愈烈的内在原因（见表2-3）。

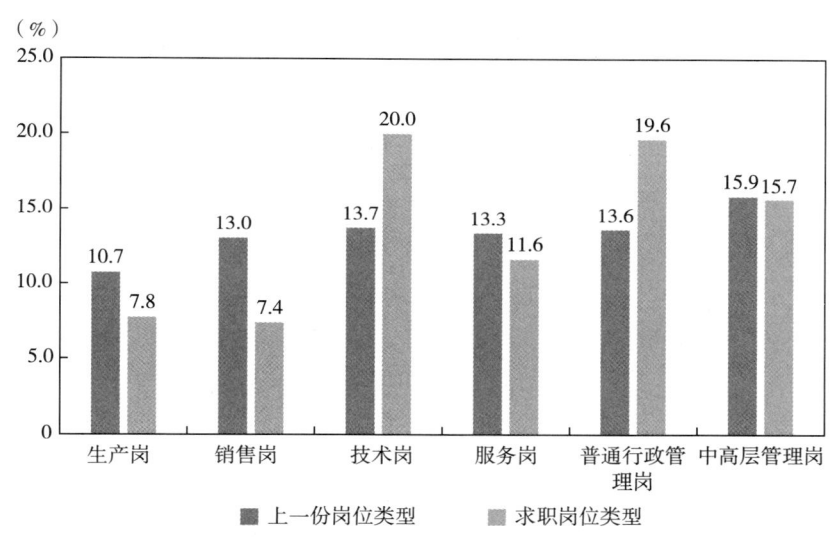

图2-7 当前求职人员已经有工作意向的比例

表2-3　　　2022年四季度不同求职群体的岗位结构与需求　　　单位：%

岗位类型	高校毕业生 上一份岗位类型	高校毕业生 求职岗位类型	低学历农民工 上一份岗位类型	低学历农民工 求职岗位类型	中专生 上一份岗位类型	中专生 求职岗位类型
生产岗	7.0	3.1	36.1	28.2	27.1	20.1
销售岗	8.5	4.8	10.9	8.1	16.1	11.0
技术岗	14.9	29.4	5.4	9.2	6.7	9.1
服务岗	20.3	8.3	13.8	20.9	18.3	25.8
普通行政管理岗	16.3	24.1	3.1	8.6	6.6	10.8
中高层管理岗	5.2	8.5	13.0	9.7	14.2	9.4

续表

岗位类型	高校毕业生 上一份岗位类型	高校毕业生 求职岗位类型	低学历农民工 上一份岗位类型	低学历农民工 求职岗位类型	中专生 上一份岗位类型	中专生 求职岗位类型
其他	27.9	21.8	17.5	15.4	11.1	13.9

注：其他岗位类型未报告具体情况。

（五）人力资源市场运行总体判断

人力资源市场承受经济下行压力与新冠疫情反复冲击，总体运行保持稳定，就业需求疲软，市场主体预期偏弱，招工难与就业难并存的结构性矛盾依然突出。人力资源市场呈现地区发展不平衡特征，东部地区承压较大，复苏迹象已经显现，东北部地区和西部地区运行不稳定。制造业、房地产业等部门恢复缓慢，拖累了就业增长，生活性服务业等部门创造了新增岗位，稳住了就业形势。私营企业尤其是中小企业用工需求稳步复苏，港澳台投资企业与外商投资企业用工需求持续收缩。结构转型与外部冲击构成双重挑战，生产岗需求持续收缩，技术岗和管理岗位需求稳定，岗位招聘需求与求职人员就业偏好不匹配矛盾突出。

高校毕业生、低学历农民工等重点群体面临短期就业难与长期失业风险的双重挑战，工作搜寻周期逐步延长，期望工资趋于下降，平台兼职与自主创业成为应对就业难的过渡方式。人力资源服务业发挥了就业创造与就业乘数效应，人力资源服务产业园发挥了聚集效应，促进了就业高质量发展，但行业发展不平衡问题突出。随着疫情形势与防控政策的重大调整，预计2023年开始经济运行加快恢复，就业需求稳步复苏，市场主体和求职人员呈现审慎乐观的态度。政策部门需要从以下几个方面推动人力资源市场稳定发展（见表2-4）。

表 2-4 人力资源市场相关主体反馈最集中的意见建议

用人单位	人力资源服务机构	求职人员
降低社保与税收负担	建立行业标准服务体系	针对初次就业人员开展求职技巧等专门培训
加大当地人才引进与支持力度	规范市场秩序、整顿非法中介	督促用人单位降低对工作经验、学历等苛刻要求
开展高质量人才供需对接活动	加大行业支持政策力度并落实到位	解决招聘平台过多无效招聘信息，提高工作匹配效率
加大高技术行业、企业和人才的支持力度	搭建人力资源机构与企业合作平台	规范正式用工与劳务派遣的关系与认定标准
优化投资、招商、就业等营商环境	建立人力资源服务业人才培训体系	打击生育歧视、性别歧视、地域歧视等

一是继续增强市场主体信心，支持制造业全面复苏。坚持适度宽松的宏观调控方向，落实更加积极的就业政策，加快恢复经济运行秩序，强化制造业支持力度，积极应对外需不足，积极扩大内需，稳住市场主体预期，努力为经济与就业平稳较快增长营造良好环境。

二是充分发挥服务业就业创造能力。营造宽松良好的发展环境，继续落实税费减免政策，支持各类生活性和生产性服务业恢复正常经营，为就业稳定创造良好支撑。强化人力资源服务业的就业乘数效应，支持国家级人力资源服务产业区建设，推动人力资源服务业高质量发展。

三是完善高校毕业生进入劳动力市场过渡期的支持政策。四季度通常是尚未就业的高校毕业生的过渡期和空档期，教育部门与人力资源部门应该进一步加强政策衔接，保证就业工作的连续性，加强毕业生离校后就业监测，及时提供有针对性的就业服务和技能培训，积极帮助就业困难群体渡过难关。同时积极应对各类群体的中长期失业风险，避免长期未就业导致的人力资本折损。

四是推动建设高标准人力资源市场体系。强化高质量的人力资源服务供给，加强行业的专业化、标准化与规范化，坚持打击虚假招聘、就业歧视等活动常态化，确保民营人力资源服务机构的公平市场竞争地位，强化人力资源服务业专业人才队伍建设，完善人力资源服务与教育、培训、工商、法律、协会等部门协调机制。

三　人力资源需求特征与形势变化

利用 2022 年人力资源市场用人单位监测调查数据，本章重点分析当前用工需求状况，观察不同类型企业的用工需求的结构差异和预期变化，在此基础上总结用人单位面临的问题与挑战。

（一）用工需求总体状况

用工需求总体偏弱，特别是东部地区和西部地区。兼顾招聘和离职的净用工需求可以用岗位净增长率来衡量。总体来看，如图 3-1 所示，2022 年全国岗位净增长率为 0.8%，处于较低水平。考虑到当年有大量应届毕业生进入劳动力市场，这说明 2022 年总体就业形势不容乐观。分地区来看，中部地区和东北部地区岗位净增长率较高，分别为 3.0% 和 3.3%；东部地区和西部地区较低，都为 0.2%。这说明 2022 年人力资源市场的地区发展不平衡问题比较突出，东部地区和西部地区用工需求不足。

用工需求还可以从招聘端和离职端进行考察。招聘端包含发布招聘率、实际招聘率和招聘完成率三个指标。从发布招聘率来看，如表 3-1 所示，中部地区和东部地区较高，分别为 10.3% 和 9.7%；东北部地区和西部地区较低，分别为 6.0% 和 3.8%。由此可见，经济发展水平较高地区的招聘需求要高于较低地区。从实际招聘率来看，中部地区较高，为 9.2%；东北部

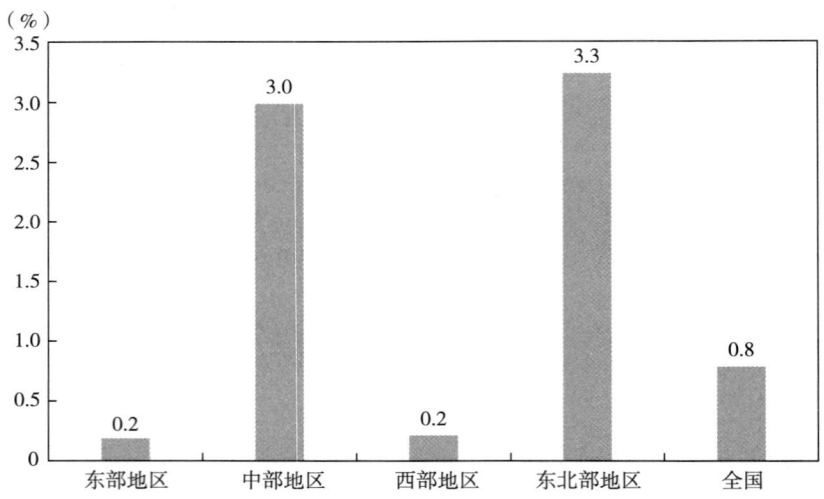

图 3-1 2022 年用人单位岗位净增长率

注：岗位净增长率 =（招聘岗位数 - 离职岗位数）/ 期末在岗职工数 ×100%。

地区、东部地区和西部地区较低，分别为 5.3%、4.4% 和 2.6%。对比可以发现，中部地区和东北部地区的发布招聘率和实际招聘率接近，因而招聘完成率较高，分别为 89.9% 和 88.3%；而西部地区和东部地区的发布招聘率明显超过实际招聘率，因而招聘完成率较低，分别为 69.4% 和 45.2%。值得注意的是，东部地区有较高的发布招聘率和较低的招聘完成率，这一定程度上说明此地区劳动力供需存在较大缺口。

表 3-1　　　　　　2022 年用人单位招聘需求状况　　　　　　单位：%

地区	发布招聘率	实际招聘率	招聘完成率	离职率
东部地区	9.7	4.4	45.2	4.2
中部地区	10.3	9.2	89.9	6.2
西部地区	3.8	2.6	69.4	2.4
东北部地区	6.0	5.3	88.3	2.1
全国	8.7	5.0	57.6	4.2

注：发布招聘率 = 发布招聘岗位数 / 期末在岗职工数 ×100%；实际招聘率 = 实际招聘岗位数 / 期末在岗职工数 ×100%；招聘完成率 = 实际招聘岗位数 / 发布招聘岗位数 ×100%；离职率 = 离职人数 / 期末在岗职工数 ×100%。

离职端包含离职率一个指标。分地区来看，中部地区和东部地区离职率较高，分别为6.2%和4.2%；西部地区和东北部地区离职率较低，分别为2.4%和2.1%。可见，与发布招聘率类似，经济发展水平较高地区的离职率也要高于较低地区。综合发布招聘率和离职率的地区差异可以推断出，经济发展水平越高，劳动力流动水平通常也越高。

（二）不同企业用工需求差异

1. 出口与非出口企业用工需求差异

出口企业的用工需求低于非出口企业。首先来看净用工需求。如图3-2所示，出口企业和非出口企业的岗位净增长率分别为0.1%和1.1%。由此可见，出口企业的净用工需求要远低于非出口企业，这主要是因为2022年全球经济陷入困境，外需相对于内需更加低迷。其次来看招聘端。从发布招聘率来看，如表3-2所示，出口企业较高，为13.1%；非出口企业较低，为5.6%。从实际招聘率来看，出口企业略高于非出口企业，分别为5.4%和4.3%。对比可以发现，非出口企业发布招聘率和

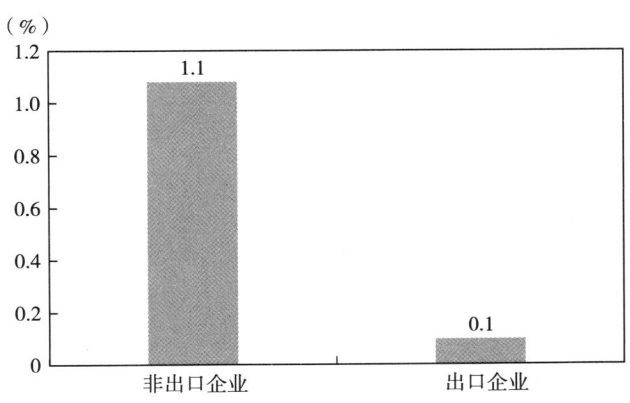

图3-2　2022年（非）出口企业岗位净增长率

实际招聘率接近,因而招聘完成率较高,为 77.3%;而出口企业的发布招聘率明显超过实际招聘率,因而招聘完成率较低,为 41.1%。最后来看离职端。从离职率来看,出口企业较高,为 5.3%;非出口企业较低,为 3.2%。由此可见,出口企业的离职率远高于非出口企业,进一步说明我国面临较为严峻的外需不足问题。

表 3-2　　　　2022 年(非)出口企业招聘需求状况　　　　单位:%

	发布招聘率	实际招聘率	招聘完成率	离职率
非出口企业	5.6	4.3	77.3	3.2
出口企业	13.1	5.4	41.1	5.3

2. 国家级高新技术企业与非国家级高新技术企业用工需求差异

国家级高新技术企业的用工需求高于非国家级高新技术企业。首先来看净用工需求。如图 3-3 所示,国家级高新技术企业和非国家级高新技术企业的岗位净增长率分别为 1.1% 和 0.6%。由此可见,国家级高新技术企业的净用工需求要高于非国家级高新技术企业,这主要是因为以高新技术为代表的新兴产业发展较为迅速,对劳动力的需求也较大。其次来看招聘端。从发布招聘率来看,如表 3-3 所示,国家级高新技术企业较高,为 12.8%;非国家级高新技术企业较低,为 6.1%。由此可见,国家级高新技术企业的发布招聘率远高于非国家级高新技术企业,进一步说明以高新技术为代表的新兴产业劳动力需求旺盛。从实际招聘率来看,国家级高新技术企业略高于非国家级高新技术企业,两者分别为 5.5% 和 4.7%。对比可以发现,非国家级高新技术企业发布招聘率和实际招聘率接近,因而招聘完成率较高,为 77.4%;而国家级高新技术企业的发布招聘率明显超过实际招聘率,因而招聘完成率较低,为 43.2%。国家级高新技术企业有较低的招聘完成率,一定程度上说明我国高素质人才存在较大的供需缺口。最后来看离职端。从离职率来看,国家级高新技术企业和非国家级高新技术企业比较接近,分别为4.4%和4.1%。

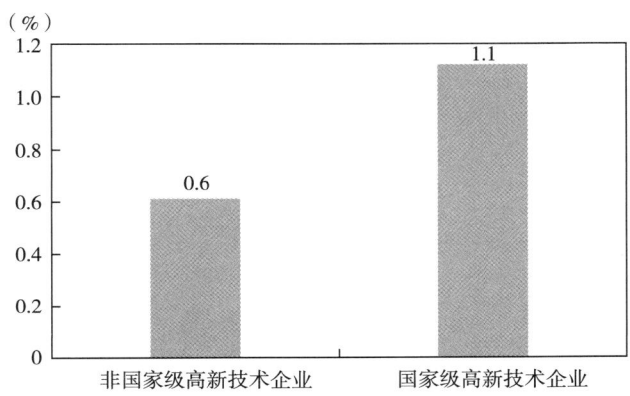

图3-3 2022年(非)国家级高新技术企业岗位净增长率

表3-3　　　2022年(非)国家级高新技术企业招聘需求状况　　　单位:%

	发布招聘率	实际招聘率	招聘完成率	离职率
非国家级高新技术企业	6.1	4.7	77.4	4.1
国家级高新技术企业	12.8	5.5	43.2	4.4

3. 使用工业机器人与未使用工业机器人企业用工需求差异

使用工业机器人企业的用工需求和劳动力流动水平高于未使用工业机器人企业。首先来看净用工需求。如图3-4所示,使用工业机器人企业的岗位净增长率略高于未使用工业机器人企业,两者分别为1.5%和1.1%。这说明使用工业机器人并未挤出劳动力需求,与此相反,可能会产生新的劳动力需求。其次来看招聘端。从发布招聘率来看,如表3-4所示,使用工业机器人企业较高,为9.6%;未使用工业机器人企业较低,为5.9%。从实际招聘率来看,使用工业机器人企业较高,为

8.2%；未使用工业机器人企业较低，为4.6%。由此可见，工业机器人有较高的发布招聘率和实际招聘率，这进一步说明使用工业机器人未挤出劳动力需求。从招聘完成率来看，使用工业机器人企业略高于未使用工业机器人企业，两者分别为86.0%和77.7%。最后来看离职端。从离职率来看，使用工业机器人企业较高，为6.8%；未使用工业机器人企业较低，为3.5%。综合两类企业的发布招聘率、实际招聘率和离职率可以推断出，使用工业机器人企业的劳动力流动水平更高。

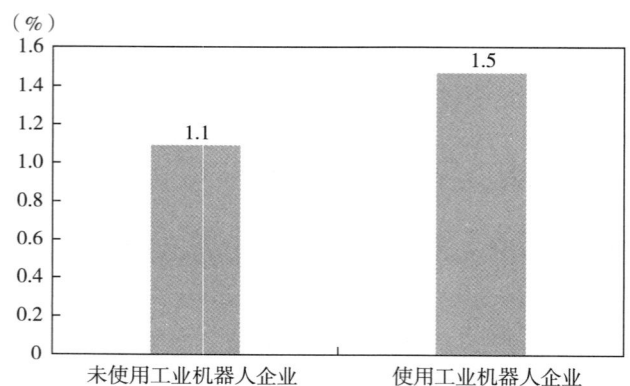

图3-4 2022年（未）使用工业机器人企业岗位净增长率

表3-4 2022年（未）使用工业机器人企业招聘需求状况　　单位：%

	发布招聘率	实际招聘率	招聘完成率	离职率
未使用工业机器人企业	5.9	4.6	77.7	3.5
使用工业机器人企业	9.6	8.2	86.0	6.8

4. 不同行业的用工需求差异

公共管理、社会保障和社会组织等行业用工需求较高，而房地产业和信息传输、软件和信息技术服务业等行业用工需求疲软。如表3-5所示，首先来看净用工需求。岗位净增长率较高的行业是公共管理、社会保障和社会组织，租赁和商务服务业，水利、环境和公共设施管理业，都超过5.0%；较低的行业是房地产业，采矿业，交通运输、仓储和邮政业，信息传输、软件和信息技术服务业，都为负。这一定程度上说明房地产业和采矿业等行业在 2022 年面临较大的经营问题。其次来看招聘端。从发布招聘率来看，公共管理、社会保障和社会组织，信息传输、软件和信息技术服务业，租赁和商务服务业，水利、环境和公共设施管理业较高，都超过 12.0%；批发和零售业，采矿业，房地产业较低，都低于 3.0%。从实际招聘率来看，公共管理、社会保障和社会组织，租赁和商务服务业较高，都超过 11.0%；批发和零售业、采矿业和房地产业较低，都低于 2.0%。从招聘完成率来看，卫生和社会工作，居民服务、维修和其他服务业，制造业，交通运输、仓储和邮政业，租赁和商务服务业较高，都超过 82.0%；房地产业，电力、热力、燃气及水生产和供应业，金融业，信息传输、软件和信息技术服务业较低，都低于 59.0%。最后来看离职端。从离职率来看，公共管理、社会保障和社会组织，制造业，居民服务、维修和其他服务业，租赁和商务服务业较高，都超过 6.0%；批发和零售业、采矿业和房地产业较低，都低于 2.0%。

表 3-5　　　　　　　　2022 年不同行业招聘需求状况　　　　　　　　单位：%

	发布招聘率	实际招聘率	招聘完成率	离职率	岗位净增长率
农、林、牧、渔业	9.0	6.7	74.1	5.0	1.7
采矿业	0.6	0.4	74.2	0.9	−0.5
制造业	9.7	8.2	84.0	6.6	1.6
电力、热力、燃气及水生产和供应业	5.9	3.4	57.2	2.4	1.0
建筑业	7.4	5.3	70.8	3.1	2.1
批发和零售业	2.2	1.6	75.3	1.4	0.2
交通运输、仓储和邮政业	3.3	2.8	82.8	3.5	−0.7
住宿和餐饮业	5.7	4.3	74.3	3.4	0.9
信息传输、软件和信息技术服务业	19.5	2.4	12.2	3.7	−1.3

续表

	发布招聘率	实际招聘率	招聘完成率	离职率	岗位净增长率
金融业	6.7	3.7	54.9	2.6	1.1
房地产业	0.3	0.2	58.1	0.3	-0.1
租赁和商务服务业	14.1	11.6	82.3	6.2	5.3
科学研究和技术服务业	10.0	6.8	67.2	3.9	2.8
水利、环境和公共设施管理业	12.4	8.4	67.5	3.2	5.2
居民服务、维修和其他服务业	9.8	8.8	89.2	6.5	2.3
教育	7.8	5.5	70.4	3.3	2.2
卫生和社会工作	7.9	7.1	90.1	3.4	3.8
文化、体育和娱乐业	5.7	3.8	67.3	2.8	1.1
公共管理、社会保障和社会组织	42.4	29.8	70.3	15.0	14.8

5. 不同所有制企业的用工需求差异

机关事业单位的用工需求稳定，而外商投资企业和港澳台投资企业的用工需求低迷。首先来看净用工需求。如图3-5所示，机关事业单位和私营企业的岗位净增长率较高，都在1.0%以上；而民办非企业单位、外商投资企业和港澳台投资企业较低，都为负。之所以外商投资企业和港澳台投资企业的岗位净增长率较低，主要是因为2022年全球经济陷入困境，外商相对于内商面临更大的经营风险。其次来看招聘端。如表3-6所示，从发布招聘率来看，外商投资企业和民办非企业单位较高，都在19.0%以上；而私营企业和国有及国有控股企业较低，都在7.0%以下。从实际招聘率来看，港澳台投资企业和民办非企业单位较高，都在12.0%以上；外商投资企业和国有及国有控股企业较低，都在5.0%以下。从招聘完成率来看，港澳台投资企业较高，为90.0%；而机关事业单位和外商投资企业较低，在55.0%以下。从离职率来看，港澳台投资企业和民办非企业单位较高，都在12.0%以上；而国有及国有控股企业较低，仅为

2.1%。综合不同所有制企业的发布招聘率、实际招聘率和离职率可以推断出，外商投资企业、港澳台投资企业和民办非企业单位的劳动力流动水平较高，而机关事业单位和国有及国有控股企业的劳动力流动水平较低。

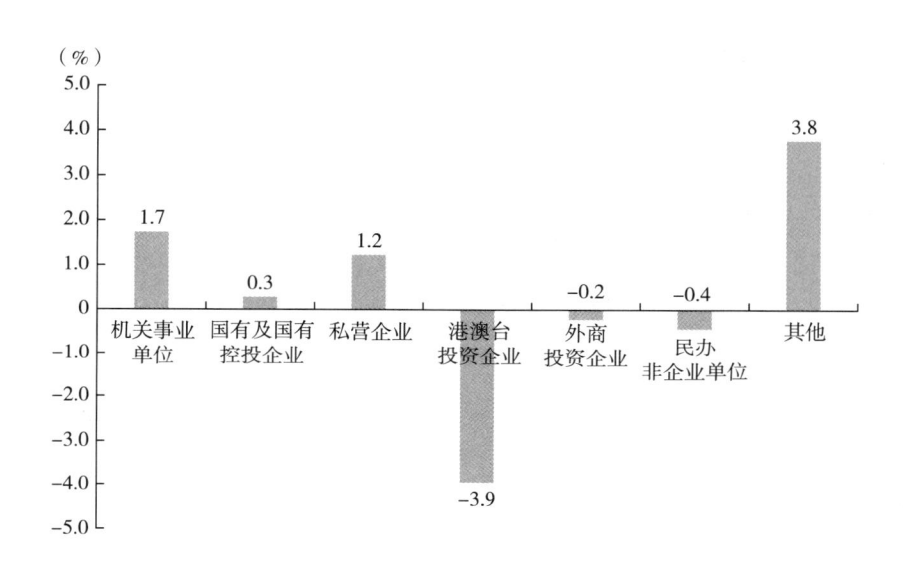

图 3-5 2022 年不同所有制企业岗位净增长率

表 3-6　　　　　　2022 年不同所有制企业招聘需求状况　　　　　单位：%

	发布招聘率	实际招聘率	招聘完成率	离职率
机关事业单位	10.5	5.7	54.4	4.0
国有及国有控股企业	3.0	2.3	78.5	2.1
私营企业	6.7	5.2	78.3	4.0
港澳台投资企业	15.5	14.0	90.5	17.9
外商投资企业	22.1	4.6	20.7	4.8
民办非企业单位	19.1	12.3	64.2	12.7
其他	8.8	8.1	91.5	4.3

6. 不同营业收入企业的用工需求差异

营业收入较高企业的用工需求低于营业收入较低企业。首先来看净用工需求。如图3-6所示，100万元以下和3000万—49999万元营业收入企业的岗位净增长率较高，分别为3.2%和3.1%；100万—2999万元营业收入企业处于中间水平，为2.0%；而50000万元及以上营业收入企业较低，为0.1%。由此可见，营业收入较高企业的用工需求要低于营业收入较低企业。这一定程度上说明中小型企业对于稳定我国就业发挥重要作用。其次来看招聘端。如表3-7所示，从发布招聘率来看，100万—2999万元和3000万—49999万元营业收入企业较高，分别为10.4%和11.2%；100万元以下和50000万元及以上营业收入企业较低，分别为9.7%和9.1%。从实际招聘率来看，3000万—49999万元营业收入企业较高，为8.7%；100万元以下和100万—2999万元营业收入企业处于中间水平，都为7.8%；而50000万元及以上营业收入企业较低，为4.1%。从招聘完成率来看，100万元以下营业收入企业较高，为81.1%；100万—2999万元和3000万—49999万元营业收入企业处于中间水平，分别为74.4%和77.7%；50000万元及以上营业收入企业较低，为45.6%。最后来看离职端。从离职率来看，各营业收入

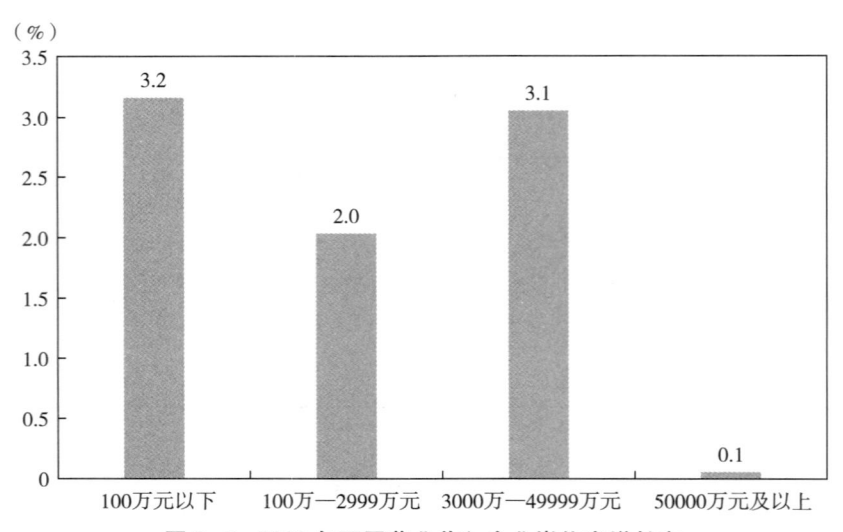

图3-6　2022年不同营业收入企业岗位净增长率

企业比较接近，其中较高的是100万—2999万元和3000万—49999万元营业收入企业，分别为5.7%和5.6%；较低的是100万元以下和50000万元及以上营业收入企业，分别为4.7%和4.1%。

表3-7　　　　2022年不同营业收入企业招聘需求状况　　　　单位：%

	发布招聘率	实际招聘率	招聘完成率	离职率
100万元以下	9.7	7.8	81.1	4.7
100万—2999万元	10.4	7.8	74.4	5.7
3000万—49999万元	11.2	8.7	77.7	5.6
50000万元及以上	9.1	4.1	45.6	4.1

（三）用工需求结构差异

1. 性别结构差异

用工需求不存在明显的性别差异，但男性劳动力流动水平要高于女性。如表3-8所示，首先看净用工需求。男性的岗位净增长率略高于女性，两者分别为1.9%和1.8%。由此可见，净用工需求不存在明显的性别差异。其次看招聘端。男性的实际招聘率要高于女性，两者分别为9.3%和7.5%。最后看离职端。男性的离职率也高于女性，两者分别为7.4%和5.7%。综合实际招聘率和离职率的性别差异可以推断出，男性劳动力流动水平要高于女性。

表3-8　　　　2022年不同性别招聘需求状况　　　　单位：%

	实际招聘率	离职率	岗位净增长率
男性	9.3	7.4	1.9
女性	7.5	5.7	1.8

2. 教育结构差异

各学历用工需求不存在明显差异，但低学历劳动力流动水平更高。首先看净用工需求。如图3-7所示，各学历的岗位净增长率类似，都在0.7%—0.9%。因此，各学历净用工需求不存在明显差异。其次看招聘端。如表3-9所示，从发布招聘率来看，高中及以下学历较高，为9.1%；大专（含高职）学历和大学本科学历处于中间水平，分别为6.4%和6.1%；研究生及以上学历较低，为3.0%。从实际招聘率来看，高中及以下学历较高，为7.7%；大专（含高职）学历和大学本科学历处于中间水平，分别为4.4%和3.7%；研究生及以上学历较低，为1.8%。综合发布招聘率和实际招聘率的学历差异可以发现，企业对低学历的招聘需求较高，而对高学历的招聘需求较低。从招聘完成率来看，高中及以下学历较高，为85.1%；大专（含高职）学历和大学本科学历处于中间水平，分别为68.8%和61.0%；研究生及以上学历较低，为60.2%。最后看离职端。从离职率来看，高中及以下学历较高，为6.8%；大专（含高

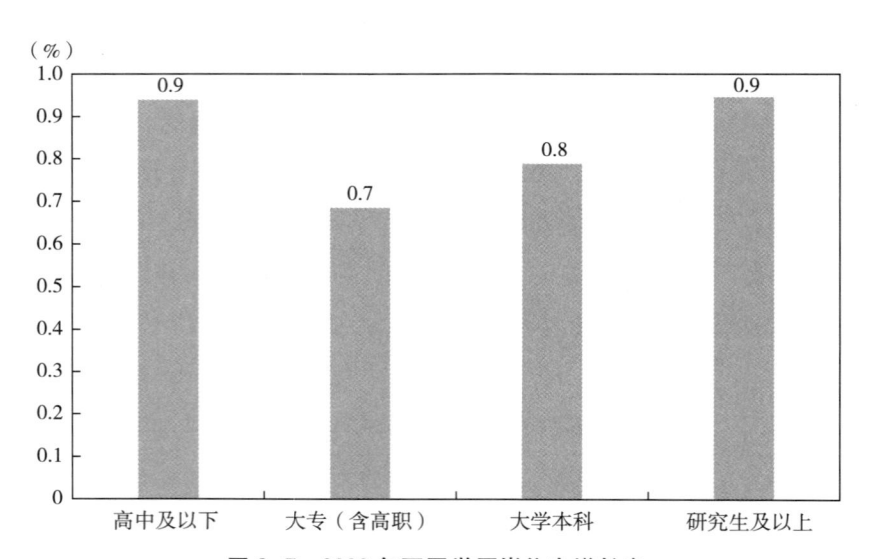

图3-7 2022年不同学历岗位净增长率

职）学历和大学本科学历处于中间水平，分别为 3.7% 和 2.9%；研究生及以上学历较低，为 0.9%。综合发布招聘率、实际招聘率和离职率的教育差异可以推断出，低学历劳动力流动水平更高。

表 3-9　　　　2022 年不同学历招聘需求状况　　　　单位：%

	发布招聘率	实际招聘率	招聘完成率	离职率
高中及以下	9.1	7.7	85.1	6.8
大专（含高职）	6.4	4.4	68.8	3.7
大学本科	6.1	3.7	61.0	2.9
研究生及以上	3.0	1.8	60.2	0.9

3. 岗位结构差异

技术岗、销售岗和生产岗用工需求和流动水平较高，而管理岗较低。首先看净用工需求。如图 3-8 所示，技术岗、销售岗和生产岗的岗位净增长率较高，分别为 2.3%、2.2% 和 1.7%；管理岗较低，为 0.4%。其次看招聘端。如表 3-10 所示，从发布招聘率来看，生产岗较高，为 12.4%；技术岗和销售岗中等，为 8.7% 和 8.3%；管理岗较低，为 4.2%。从实际招聘率来看，生产岗较高，为 10.2%；销售岗和技术岗中等，为 6.5% 和 5.8%；管理岗较低，为 2.7%。综合发布招聘率和实际招聘率的岗位差异来看，企业对生产岗、技术岗和销售岗的招聘需求较高，而对管理岗的招聘需求较低。从招聘完成率来看，生产岗和销售岗较高，分别为 82.2% 和 77.9%；技术岗和管理岗较低，分别为 67.0% 和 63.4%。最后看离职端。从离职率来看，生产岗较高，为 8.6%；销售岗和技术岗中等，分别为 4.3% 和 3.5%；管理岗较低，为 2.3%。综合发布招聘率、实际招聘率和离职率的岗位差异可以推断出，生产岗职工流动水平较高，而管理岗职工流动水平较低。

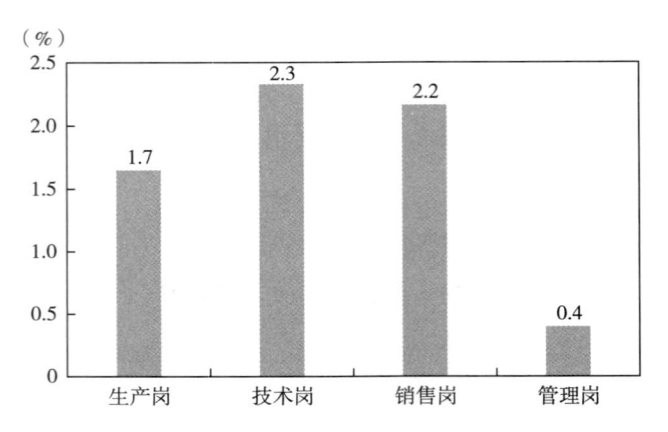

图 3-8　2022年不同类型岗位净增长率

表 3-10　　　　　　2022年不同类型岗位招聘需求状况　　　　　单位:%

	发布招聘率	实际招聘率	招聘完成率	离职率
生产岗	12.4	10.2	82.2	8.6
技术岗	8.7	5.8	67.0	3.5
销售岗	8.3	6.5	77.9	4.3
管理岗	4.2	2.7	63.4	2.3

（四）用工需求预期变化

1. 用工需求预期总体变化

2023年用工需求预期总体较为乐观，尤其是东北部地区。如表 3-11 所示，首先看预计岗位净增长率。全国层面的预计岗位净增长率为9.1%，处于较高水平。这表明用人单位对新一年经济形势的预期总体向好。分地区来看，东北部地区预计岗位净增长率较高，为20.6%；中部地区和西部地区处于中等水平，分别为10.2%和9.8%；东部地区较低为8.1%。其次看预计招聘率。东北部地区和中部地区较高，分别为21.0%和20.8%；东部地区和西部地区相对较低，分别为18.7%和18.3%。最后看预计离职率。东部地区和中部地区较高，分别为 10.7% 和 10.6%；西部地区次之，8.5%；东北部地区较低，为 0.5%。综合预计招聘率和预计离职率的地区差异可以推断出，东北部地区企业对 2023 年经济形势和用工需求的判断更加乐观。

表 3-11　　　　　2023 年用人单位预计招聘需求状况　　　　单位：%

	预计招聘率	预计离职率	预计岗位净增长率
东部地区	18.7	10.7	8.1
中部地区	20.8	10.6	10.2
西部地区	18.3	8.5	9.8
东北部地区	21.0	0.5	20.6
全国	19.2	10.1	9.1

注：预计招聘率＝预计招聘岗位数/期末在岗职工人数×100%；预计离职率＝预计离职人数/期末在岗职工人数×100%；预计岗位净增长率＝预计招聘率－预计离职率。

2. 不同企业用工需求预期变化

出口企业预计用工需求高于非出口企业。如表 3-12 所示，首先看预计岗位净增长率。出口企业较高，为 11.3%；非出口企业较低，为 8.4%。由此可见，出口企业对 2023 年经济形势和经营状况的判断更加乐观。其次看预计招聘率。出口企业较高，为 23.9%；非出口企业较低，为 17.7%。最后看预计离职率。出口企业较高，为 12.6%；非出口企业较低，为 9.3%。综合两类企业的预计招聘率和预计离职率可以推断出，预计 2023 年出口企业的劳动力流动水平更高。

表 3-12　　　　2023 年（非）出口企业预计招聘需求状况　　　单位：%

	预计招聘率	预计离职率	预计岗位净增长率
非出口企业	17.7	9.3	8.4
出口企业	23.9	12.6	11.3

国家级高新技术企业预计用工需求高于非国家级高新技术企业。如表 3-13 所示，首先看预计岗位净增长率。国家级高新技术企业较高，为 12.3%；非国家级高新技术企业略低，为 8.1%。这与 2022 年国家级高新技术企业用工需求高于非国家级高新技术企业形势类似，反映了以高新技术为代表的新兴产业的用工需求具有一定的持续性。其次看预计招聘率。国家级高新技术企业较高，为 22.4%；非国家级高新技术企业略低，为 18.3%。最后看预计离职率。国家级高新技术企业与非国家级高新技术企业接近，分别为 10.2% 和 10.1%。

表 3-13　2023 年（非）国家级高新技术企业预计招聘需求状况　　单位:%

	预计招聘率	预计离职率	预计岗位净增长率
非国家级高新技术企业	18.3	10.1	8.1
国家级高新技术企业	22.4	10.2	12.3

使用工业机器人企业预计用工需求高于未使用工业机器人企业。如表 3-14 所示，首先看预计岗位净增长率。使用工业机器人企业较高，为 15.4%；未使用工业机器人企业较低，为 7.8%。由此可见，与高新技术企业类似，使用工业机器人企业的预期用工需求也更高。其次看预计招聘率。使用工业机器人企业较高，达到 32.7%；未使用工业机器人企业较低，为 16.6%。最后看预计离职率。使用工业机器人企业较高，为 17.2%；未使用工业机器人企业较低，为 8.8%。综合两类企业的预计招聘率和预计离职率可以推断出，预计 2023 年使用工业机器人企业的劳动力流动水平更高。

表 3-14　2023 年（未）使用工业机器人企业预计招聘需求状况　　单位:%

	预计招聘率	预计离职率	预计岗位净增长率
未使用工业机器人企业	16.6	8.8	7.8
使用工业机器人企业	32.7	17.2	15.4

受新冠疫情影响较大的行业（如住宿和餐饮业与文化、体育和娱乐业）的预计用工需求将出现复苏，而受经济周期和人口结构影响较大的行业（如房地产业）预计用工需求依然低迷。如表3-15所示，首先看预计岗位净增长率。住宿和餐饮业与文化、体育和娱乐业较高，都在14.0%以上；房地产业与居民服务、维修和其他服务业较低，都在1.0%以下。其次看预计招聘率。农、林、牧、渔业，租赁和商务服务业，制造业与住宿和餐饮业较高，都在21.0%以上；科学研究和技术服务业，公共管理、社会保障和社会组织与房地产业较低，都在8.0%以下。最后看预计离职率。租赁和商务服务业与农、林、牧、渔业较高，都在21.0%以上；公共管理、社会保障和社会组织，文化、体育和娱乐业与科学研究和技术服务业较低，都在1.0%以下。

表3-15　　　　2023年不同行业预计招聘需求状况　　　　单位:%

	预计招聘率	预计离职率	预计岗位净增长率
农、林、牧、渔业	30.2	21.9	8.3
采矿业	9.8	3.3	6.6
制造业	23.8	11.9	12.0
电力、热力、燃气及水生产和供应业	18.3	11.7	6.6
建筑业	11.2	2.4	8.7
批发和零售业	9.7	5.8	3.9
交通运输、仓储和邮政业	17.2	4.4	12.8
住宿和餐饮业	21.5	6.2	15.3
信息传输、软件和信息技术服务业	13.8	9.6	4.1
金融业	16.6	4.0	12.6
房地产业	5.8	5.2	0.6
租赁和商务服务业	29.3	22.2	7.1
科学研究和技术服务业	7.9	0.5	7.4
水利、环境和公共设施管理业	14.4	1.4	12.9
居民服务、维修和其他服务业	8.0	7.7	0.3
教育	11.5	3.5	8.0

续表

	预计招聘率	预计离职率	预计岗位净增长率
卫生和社会工作	11.1	1.9	9.2
文化、体育和娱乐业	15.1	0.6	14.6
公共管理、社会保障和社会组织	6.9	0.9	6.0

机关事业单位和国有及国有控股企业预计用工需求高于其他类型企业。如表3-16所示，首先看预计岗位净增长率。机关事业单位和私营企业较高，都在11.0%以上；其他类型企业较低，都在7.0%及以下。2022年外商投资企业和港澳台投资企业的岗位净增长率偏低，而对2023年的预期依然偏低，这一定程度上说明企业对2023年全球经济形势判断持悲观态度，从而外商相对于内商面临更大的经营风险。其次看预计招聘率。机关事业单位和外商投资企业较高，分别为22.8%和19.2%；民办非企业单位和港澳台投资企业较低，都在15.0%以下。最后看预计离职率。外商投资企业、国有及国有控股企业和机关事业单位较高，都在10.0%以上；港澳台投资企业较低，在5.0%以下。

表3-16　　2023年不同所有制企业预计招聘需求状况　　单位：%

	预计招聘率	预计离职率	预计岗位净增长率
机关事业单位	22.8	10.3	12.5
国有及国有控股企业	17.7	10.7	7.0
私营企业	18.8	7.7	11.2
港澳台投资企业	11.4	4.5	6.9
外商投资企业	19.2	12.6	6.6
民办非企业单位	14.6	8.7	5.9
其他	23.7	20.0	3.6

规模较大企业的预计用工需求高于规模较小企业。如表3-17所示，首先看预计岗位净增长率。50000万元及以上营

业收入企业较高，为10.3%；100万—2999万元、3000万—49999万元营业收入企业中等，分别为7.3%和8.7%；100万元以下营业收入企业较低，为4.5%。由此可见，不同规模企业对2023年预期用工需求与2022年的形势相反，这反映了大企业对2023年经济形势和经营状况的判断更加乐观。其次看预计招聘率。50000万元及以上、3000万—49999万元营业收入企业较高，分别为20.5%和19.8%；100万—2999万元、100万元以下营业收入企业较低，分别为15.7%和14.4%。最后看预计离职率。3000万—49999万元营业收入企业较高，为11.0%；50000万元及以上、100万元以下营业收入企业中等，分别为10.2%和9.9%；100万—2999万元营业收入企业较低，为8.4%。

表3-17　　　　2023年不同营业收入企业预计招聘需求状况　　　　单位:%

	预计招聘率	预计离职率	预计岗位净增长率
100万元以下	14.4	9.9	4.5
100万—2999万元	15.7	8.4	7.3
3000万—49999万元	19.8	11.0	8.7
50000万元及以上	20.5	10.2	10.3

3. 预期用工需求结构变化

技术岗、销售岗和管理岗用工需求较强，而生产岗较弱。如表3-18所示，首先看预计岗位净增长率。技术岗较高，为13.5%；销售岗和管理岗中等，分别为11.5%和11.2%；生产岗较低，为4.8%。对技术岗预期需求较高，而生产岗较低，一定程度上反映了企业对高素质人才和技术转型的急切渴求。其次看预计招聘率。销售岗较高，为23.6%；技术岗和生产岗中等，分别为20.9%和19.3%；管理岗较低，为14.6%。最后看预计离职率。生产岗和销售岗较高，分别为14.5%和12.2%；技术岗中等，为7.4%；管理岗较低，为3.4%。

表 3-18　　　　2023 年不同类型岗位预计招聘需求状况　　　　单位:%

	预计招聘率	预计离职率	预计岗位净增长率
生产岗	19.3	14.5	4.8
技术岗	20.9	7.4	13.5
销售岗	23.6	12.2	11.5
管理岗	14.6	3.4	11.2

（五）用人单位面临的问题与挑战

根据以上统计和分析，得出我国用人单位面临的问题与挑战主要有以下四点。

第一，劳动力供需矛盾突出，招聘完成率低。从全国层面来看，2022 年招聘完成率较低，为 57.6%。作为经济最发达的东部地区，2022 年招聘完成率仅为 45.2%。这表明我国劳动力供需存在较大缺口，市场中劳动力的供给难以满足企业对劳动力的需求。可能的原因主要有以下三点：其一，新冠疫情传播与防控。2022 年新冠疫情反复，特别是在年末，大量劳动力被感染，无法参与劳动。而诸多企业仍需要照常运行，如与交通运输、仓储和邮政业与批发和零售业等相关的企业对劳动力产生刚性需求。这样就导致劳动力供需存在缺口。其二，产业结构调整。近年来，诸如新能源和数字经济等新兴产业迅猛发展，而诸如房地产业等传统产业迅速衰落。这样就造成产业工人难以在短时间内转移，加剧了结构性失业。其三，劳动力成本上升。受经济社会发展和人口结构变动等因素的影响，我国劳动力成本不断上升。这降低了企业对劳动力的需求，从而造成劳动力供需存在缺口。

第二，外需不足，出口企业经营困难。2022 年，出口企业岗位净增长率仅为 0.1%，处在较低水平，这一定程度上说明了外需低迷，造成出口企业经营困难。造成外需低迷的原因主要有以下三点：其一，全球经济衰退。受地缘政治和新冠疫情等因素的影响，2022年全球多国面临能源紧缺、通货膨胀和经济发展缓慢等问题。在这种情况下，导致外需不足。其二，周期性产业转移。随着中国经济不断发展，劳动力成本不断上升，中国产业逐渐从低端制造转向中高端制造，导致部分低端产业转移到越南等新兴发展中国家。这样使转型缓慢的企业面临经营困难。其三，美国等国家对华进行贸易战。近些年，以美国为首的西方国家频繁加增关税和限制对中国产品的进口。这些对中国出口企业经营带来巨大挑战。

第三，外生突发事件影响企业经营，造成用工需求波动。2022年，国内外发生多起严重突发事件，如俄乌冲突和新冠疫情传播等，给企业正常生产经营带来了挑战。这些挑战包括：其一，打断了企业发展计划。企业发展在战略规划上通常具有连贯性。外生突发事件打乱了企业已有的决策部署，从而引起用工需求的改变。其二，引起企业恐慌。外生突发事件会造成企业风险承担能力变弱，造成企业经营变得更加保守，从而减少用工需求。其三，引起资源浪费。外生突发事件使企业重新配置资源，造成已有资源的浪费，影响企业绩效，从而减少用工需求。

第四，技术替代使对高素质劳动力需求旺盛，但供给不足。2022年，以高新技术为代表的新兴产业发展较为迅速，对劳动力的需求较大，从而招聘需求较高。正如前文统计显示，2022年，国家级高新技术企业的发布招聘率高达12.8%。但是也发现，国家级高新技术企业的实际招聘率较低，仅为5.5%。较高的发布招聘率和较低的实际招聘率也导致较低的招聘完成率，仅为43.2%。这一定程度上说明，我国高素质人才存在较大的供需缺口。因此，我国应增加教育和科研经费，优化经费支出结构和支出效率，大力培育高素质人才，以适应新兴产业发展的要求。

（六）人力资源市场需求侧的总体判断

2022年全国总体用工需求偏弱，岗位净增长率仅为0.8%。考虑到当年有大量应届毕业生进入劳动力市场，这说明2022年总体就业形势不容乐观。分地区来看，东部地区和西部地区用工需求较弱，岗位净增长率都仅为0.2%。其中，东部地区用工需求较弱的原因主要是地区劳动力供给不足，而西部地区用工需求较弱的原因主要是地区劳动力需求不足。

不同企业用工需求存在较大差异。出口企业的用工需求低于非出口企业，这主要是因为2022年全球经济陷入困境，外需相对于内需更加低迷。国家级高新技术企业的用工需求高于非国家级高新技术企业，这主要因为以高新技术为代表的新兴产业发展较为迅速，对劳动力的需求也较大。此外，国家级高新技术企业的招聘完成率较低，一定程度上说明我国高素质人才存在较大的供需缺口。使用工业机器人企业的用工需求和劳动力流动水平高于未使用工业机器人企业，这说明使用工业机器人并未挤出劳动力需求；与此相反，可能会产生新的劳动力需求。公共管理、社会保障和社会组织等行业用工需求较高，而房地产业与信息传输、软件和信息技术服务业等行业用工需求疲软。这也一定程度上说明房地产业与信息传输、软件和信息技术服务业等行业在2022年面临较大的经营问题。机关事业单位的用工需求稳定，而外商投资企业和港澳台投资企业的用工需求低迷，这可能是因为2022年全球经济陷入困境，外商相对于内商面临更大的经营风险。规模较大企业的用工需求低于规模较小企业，说明中小型企业对于稳定我国就业发挥重要作用。

用工需求存在一定的结构性差异。用工需求不存在明显的性别差异，但男性劳动力流动水平要高于女性。各学历用工需求不存在明显差异，但低学历劳动力流动水平更高。技术岗、销售岗和生产岗用工需求和流动水平较高，而管理岗较低。

对2023年用工需求预期较为乐观，全国层面的预计岗位净增长率为9.1%，处于较高水平；尤其是东北部地区，预计岗位净增长率达到20.6%。出口企业预计用工需求高于非出口企业。这说明出口企业对2023年经济形势和经营状况的判断更加乐观。国家级高新技术企业预计用工需求高于非国家级高新技术企业。这与2022年国家级高新技术企业用工需求高于非国家级高新技术企业形势类似，反映了以高新技术为代表的新兴产业的用工需求具有一定的持续性。与国家级高新技术企业类似，使用工业机器人企业预计用工需求高于未使用工业机器人企业。预期受新冠疫情影响较大的行业（如住宿和餐饮业与文化、体育和娱乐业）的用工需求在2023年将出现复苏，而受经济周期和人口结构影响较大的行业（如房地产业）在2023年用工需求依然低迷。2022年外商投资企业和港澳台投资企业的岗位净增长率偏低，而对2023年的预期依然偏低，这一定程度上说明企业对2023年全球经济形势判断持悲观态度，从而外商相对于内商面临更大的经营风险。规模较大企业的预计用工需求高于规模较小企业。这反映了大企业对2023年经济形势和经营状况的判断更加乐观。企业对技术岗预期需求较高，而生产岗较低，一定程度上反映了企业对高素质人才和技术转型的急切渴求。

根据以上统计和分析，2022年我国用人单位面临的问题与挑战主要总结为以下四点：劳动力供需矛盾突出，招聘完成率低；外需不足，出口企业经营困难；外生突发事件影响企业经营，造成用工需求波动；技术替代使企业对高素质劳动力需求旺盛，但供给不足。

四　人力资源供给特征与形势变化

新冠疫情冲击下，青年就业失业率持续攀升，尤其高校毕业生面临更大就业困难。求职人员在工作转换过程中普遍表现出从生产岗、销售岗向技术岗、服务岗转换的需求偏好，高校毕业生期望工资水平继续下降，工作搜寻周期延长，长期失业风险加大。新冠疫情防控政策调整增强了就业信心，高校毕业生的就业预期依然偏紧。

（一）高校毕业生就业形势日趋严峻

从2022年全年来看，到年末高校毕业季已经过去，用人单位面向毕业生的招聘工作大多已经完成，尚处于未就业状态的高校毕业生的竞争力相对不足，呈现出更大的就业难度。如图4-1所示，四季度求职的高校毕业生中，当前处于待业或离职状态的比例达到65.6%，较前两个季度变化不大。值得关注的是，目前处于求职状态的高校毕业生中，已经有工作意向（至少有一个入职通知）的比例下降到27.5%，较上季度下降了约11个百分点。对比来看，中专生已经有工作意向的比例也有所下降，低学历农民工已经有工作意向的比例基本保持稳定（见图4-2）。这意味着四季度高校毕业生面临就业需求不足、工作搜寻难度大的挑战，这既有季节性因素影响，也有来自经济与劳动力市场运行的压力。

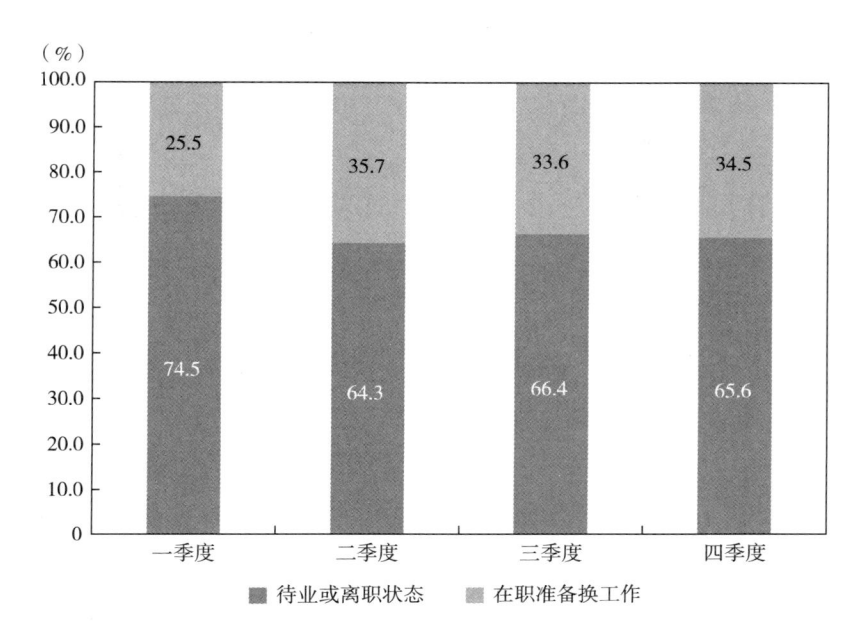

图 4-1 2022 年一至四季度高校毕业生的求职状态

注：高校毕业生指近两年（2020 年及之后）毕业的大专及以上学历求职人员。

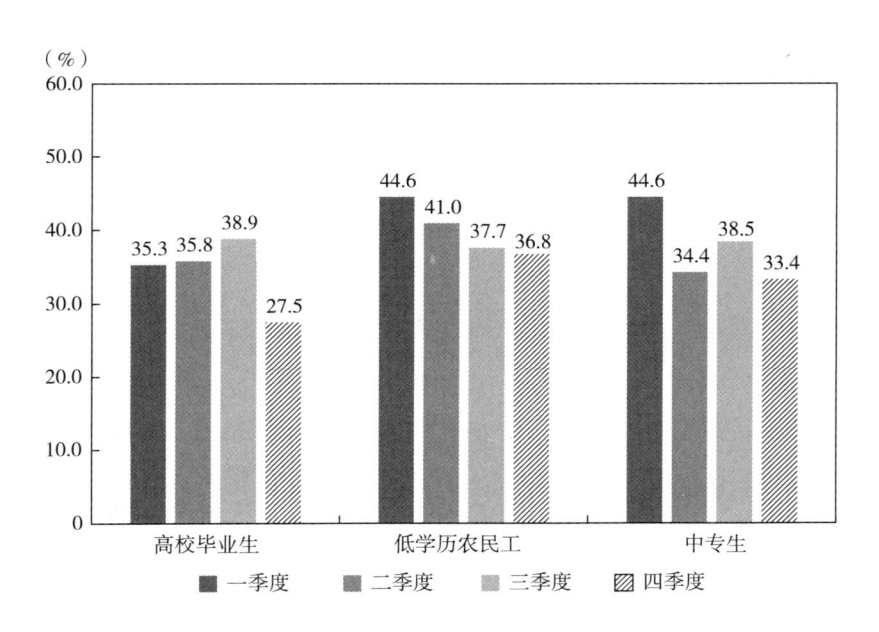

图 4-2 当前求职人员已经有工作意向的比例

注：低学历农民工指高中及以下学历、农村户口求职人员。中专生指中专、中职和职高学历求职人员。有工作意向指当前求职人员至少获得一个入职通知。

高校毕业生在英语、办公软件等通用知识方面具有绝对优势，低学历农民工在操作专用设备和技能培训方面具有一定优势（见图4-3）。人力资本差异决定了两个群体在劳动力市场中的就业结构特征以及所处境况，但面对新冠疫情冲击导致的就业需求不足，高校毕业生缺乏必要的就业技能，可能短期遭受更突出影响。

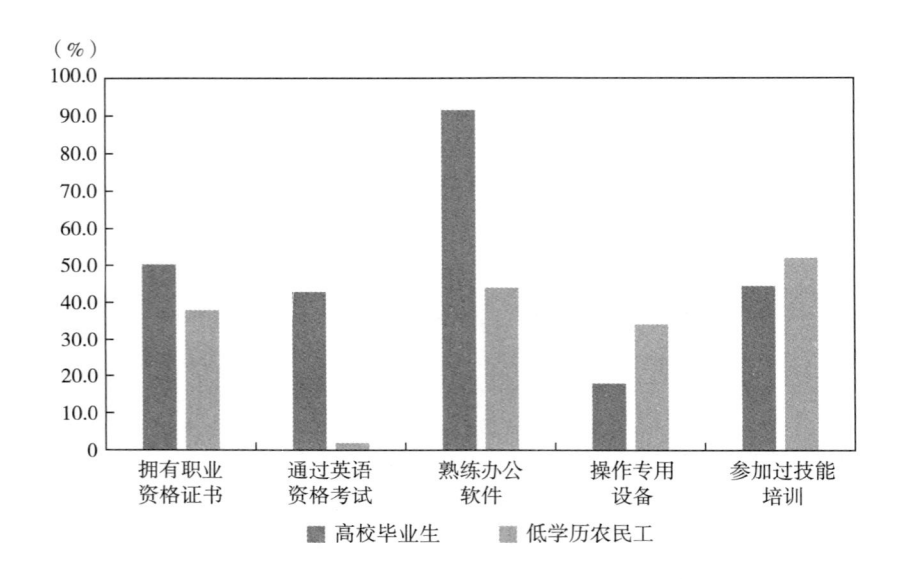

图 4-3 高校毕业生与低学历农民工的人力资本差异

高校毕业生自愿性失业占主体，主动辞职更换工作的意愿较强。根据监测调查显示，上一份工作离职的主要原因也表现出典型特征，高校毕业生中主动辞职的比例达到52.9%，低学历农民工主动辞职的比例为34.3%，高校毕业生被单位直接辞退的比例较低（见图4-4）。

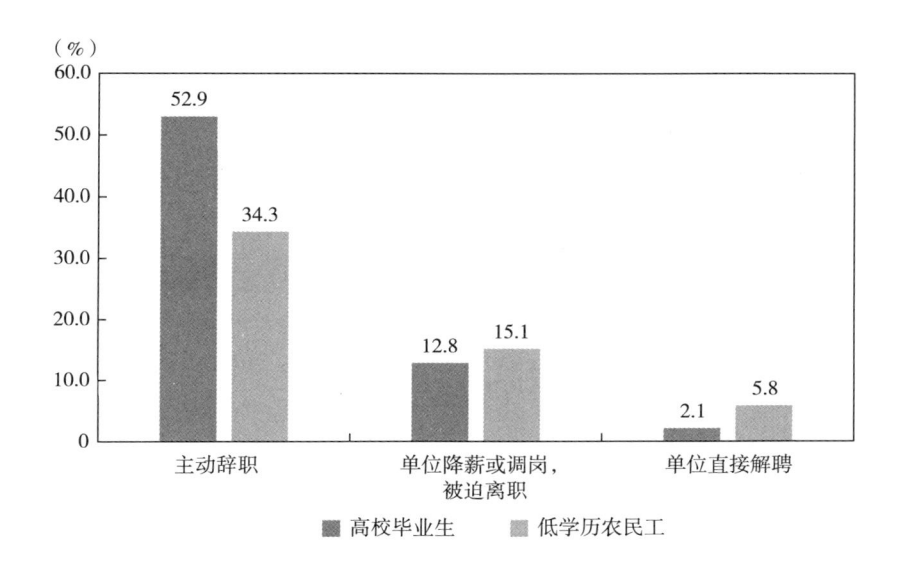

图 4-4　上一份工作离职的主要原因

注：其他离职原因未报告具体情况。

（二）从生产岗向技术岗、服务岗转换是普遍的求职偏好

求职人员在工作转换过程中普遍表现出从生产岗、销售岗向技术岗、服务岗转换的需求偏好。如图 4-5 所示，对比上一份岗位类型的分布结构，求职人员继续选择生产岗、销售岗的比例分别下降到 7.8% 和 7.4%，而技术岗和普通行政管理岗的比例分别提高到 20.0% 和 19.6%，需求偏好较强的岗位或者技术含量高，或者工作环境好。而且，如表 4-1 所示，高校毕业生、低学历农民工和中专生三类群体的人力资本与就业结构存在差异，但求职的需求偏好表现出趋同特征。

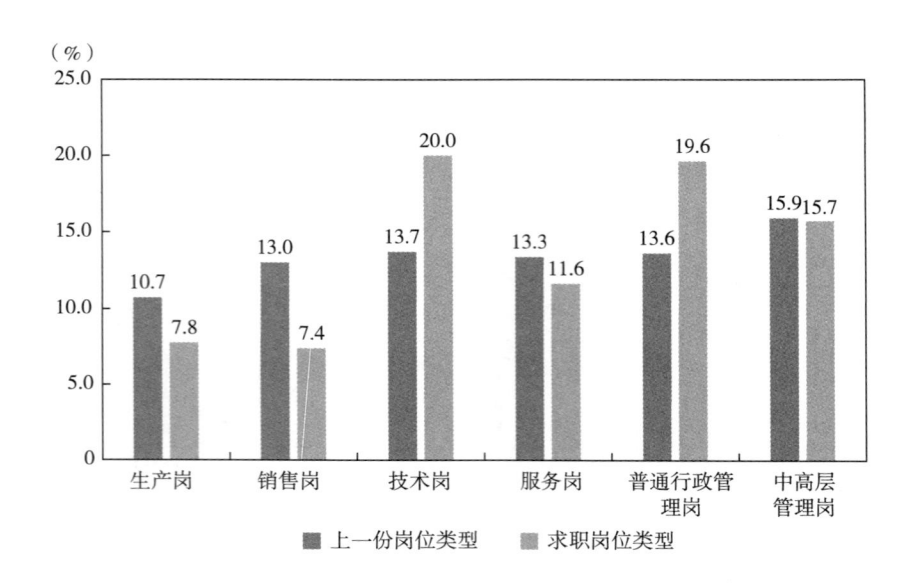

图 4-5 当前求职人员已经有工作意向的比例

表 4-1 2022 年四季度不同求职群体的岗位结构与需求 单位：%

岗位类型	高校毕业生 上一份岗位类型	高校毕业生 求职岗位类型	低学历农民工 上一份岗位类型	低学历农民工 求职岗位类型	中专生 上一份岗位类型	中专生 求职岗位类型
生产岗	7.0	3.1	36.1	28.2	27.1	20.1
销售岗	8.5	4.8	10.9	8.1	16.1	11.0
技术岗	14.9	29.4	5.4	9.2	6.7	9.1
服务岗	20.3	8.3	13.8	20.9	18.3	25.8
普通行政管理岗	16.3	24.1	3.1	8.6	6.6	10.8
中高层管理岗	5.2	8.5	13.0	9.7	14.2	9.4
其他	27.9	21.8	17.5	15.4	11.1	13.9

注：其他岗位类型未报告具体情况。

（三）高校毕业生期望工资水平继续下降，农民工期望工资水平出现反弹

高校毕业生期望工资水平呈现下降态势，反映出求职人员

的工作搜寻难度加大，降低了就业预期。四季度对于仍然在就业市场搜寻工作的高校毕业生并不友好，高校毕业季已经结束，工作机会减少、就业需求不足，高校毕业生进一步降低了工资预期，期望工资水平进一步下降到6742元/月，较三季度下降了约3.3%，较二季度下降了约12.1%。与之相反，低学历农民工的期望工资水平出现反弹，四季度期望工资达到6782元/月，较三季度提高了约8.2%，反映出人力资源市场对于低学历农民工群体的需求相对稳定（见图4-6）。

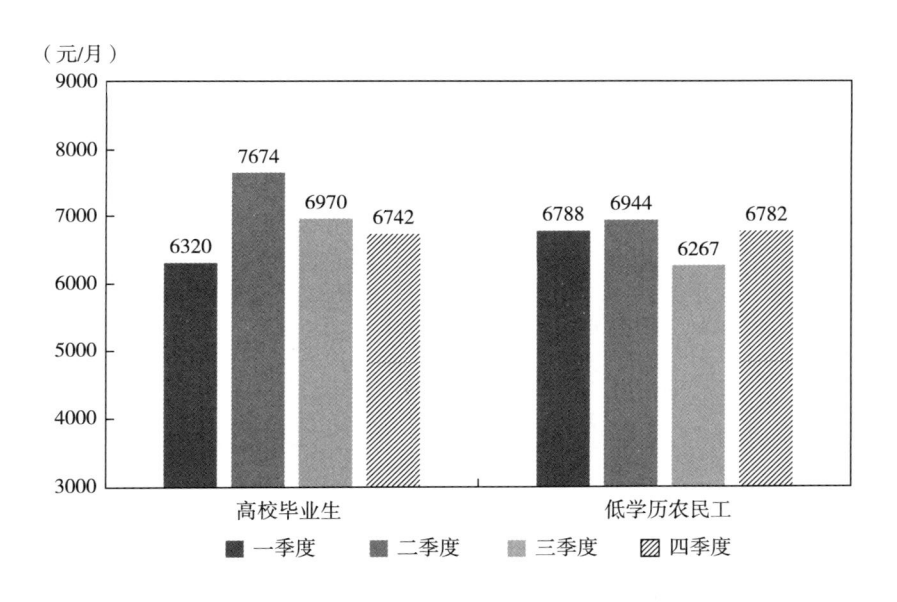

图4-6 2022年一至四季度求职人员的期望工资

注：期望工资水平指期望争取的合理工资水平。工资指扣除社保、个税之后的可支配收入。

（四）求职人员工作搜寻周期延长，长期失业风险加大

如图4-7所示，四季度高校毕业生的工作搜寻周期进一步延长，就业难度加大。高校毕业生初次进入劳动力市场，工作

经验缺乏，匹配难度较大，工作搜寻周期普遍比低学历农民工、中专生更长。四季度高校毕业生工作搜寻周期超过 3 个月的比例达到 28.1%，较三季度提高了 3.2 个百分点，这也提示我们，高校毕业生就业工作不仅要关注于毕业季，还要注重进入劳动力市场前后关键过渡期的衔接，尤其四季度中可能出现一批"失落的群体"。同时，面临长期失业风险的群体不仅是高校毕业生，低学历农民工和中专生的工作搜寻周期也趋于延长，同样面临长期失业风险。

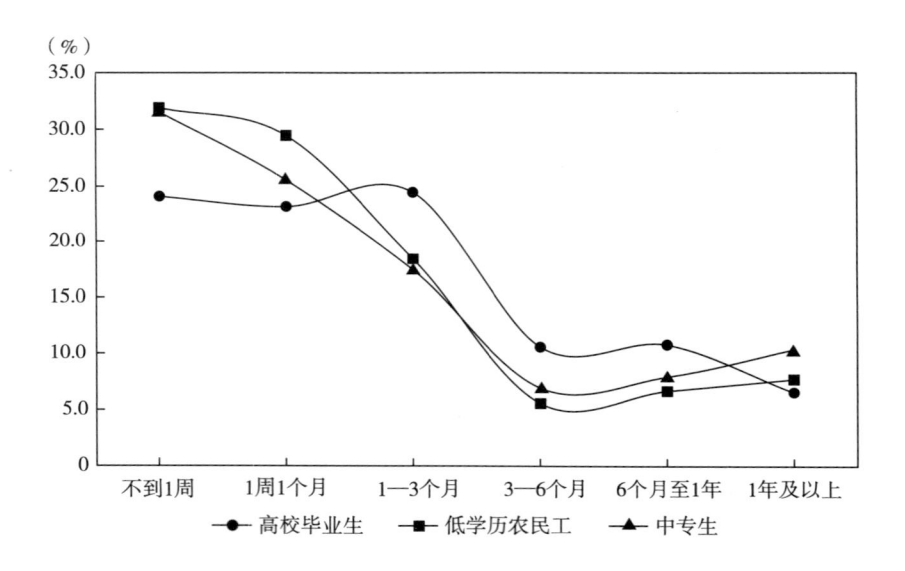

图 4-7　2022 年四季度求职人员的工作搜寻周期

（五）平台兼职与自主创业成为高校毕业生的就业方式

高校毕业生将灵活性就业作为重要的就业选择或过渡性举措。调查显示，如图 4-8 所示，11.8% 的高校毕业生从事不同类型的平台兼职活动，其中大专（高职）学历的高校毕业生从事平台兼职活动的比例达到14.7%，与低学历农民工相当，这意味着传统认识中大学生与农民工两个独立的劳动力市场已经存在竞争关系。自主创业表现出类似特征，21.5%的高校毕业生反映目前有创业意向，其中大专（高职）学历的高校毕业生创业意愿更强，达到32.2%，当然从创业计划迈向创业行动还面临不少挑战。

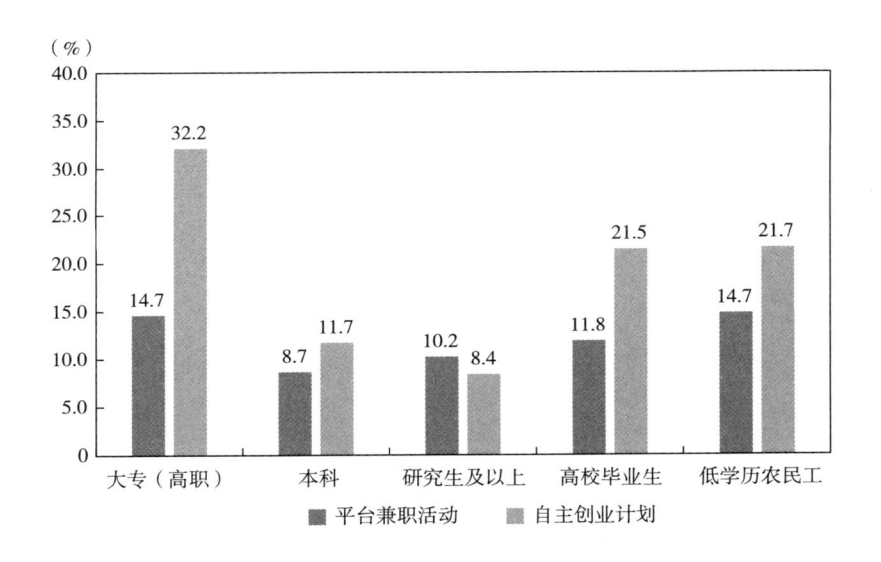

图 4-8　从事平台兼职活动与自主创业计划的比例

注：平台兼职活动是指目前正在从事骑手、直播、网约车、网络写手等兼职活动。自主创业计划指目前有创业意向或进行创业准备。图中大专（高职）、本科、研究生及以上的群体均指高校毕业生。

（六）新冠疫情防控政策调整增强了就业信心，高校毕业生的就业预期依然偏紧

2022年四季度，新冠疫情形势出现重大变化，防控政策相

应作出调整，求职人员的就业预期总体偏向乐观，但高校毕业生就业压力较大，态度趋于谨慎。大约一半被访者表示，全国新冠疫情防控政策调整一定程度上增强了就业信心，将更加关注新的工作机会，积极找工作或换工作，尤其是低学历农民工和中专生群体更为乐观。如图4-9所示，高校毕业生的态度趋于谨慎，仅有11.3%的被访者表示信心明显增强，更加积极找工作；接近六成表示没有变化，找工作仍然困难。针对2023年就业形势，仅有23.1%的高校毕业生认为形势会明显改善，36.7%的高校毕业生认为难以判断复杂形势，对比来看，低学历农民工的态度相对乐观，32.4%认为就业形势将明显改善（见图4-10）。

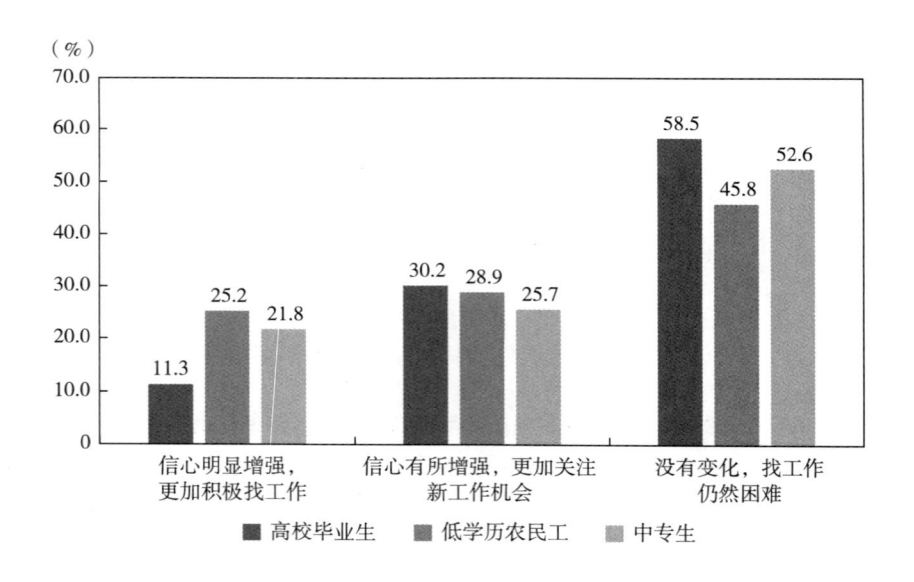

图4-9 求职人员对疫情防控政策调整的心理反应

注：通过问卷调查了解，当前全国新冠疫情防控政策进行重大调整，是否增强了求职人员的就业信心。

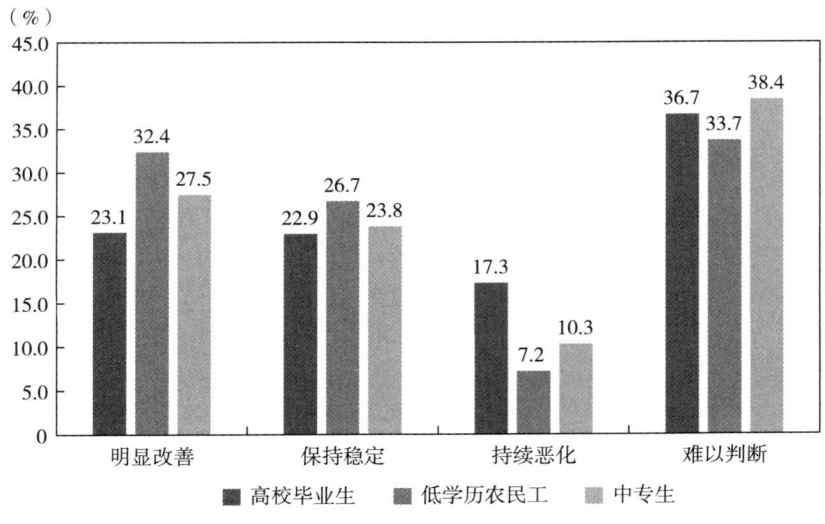

图 4-10 求职人员对 2023 年就业形势的预期判断

（七）求职行为与就业服务需求存在差异

如图 4-11 所示，工资福利与工作压力/强度是求职人员主要考虑的因素，高校毕业生相对更看重职业发展、单位知名度/

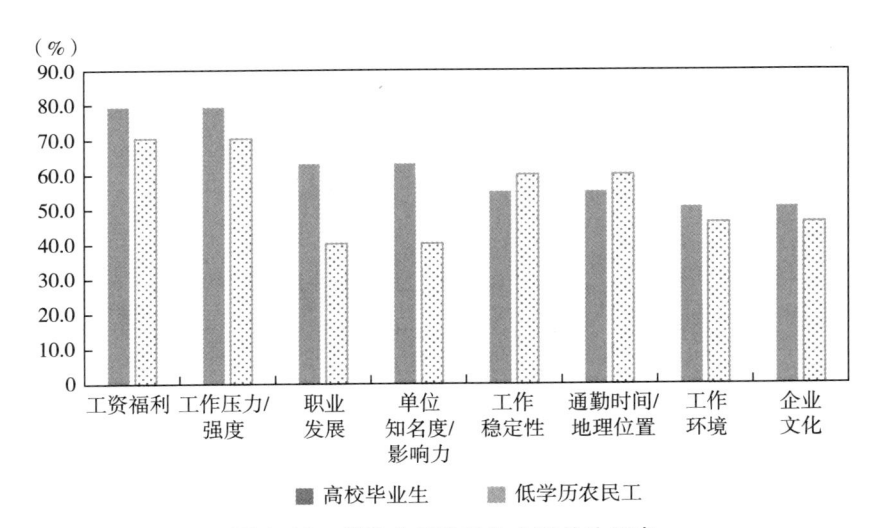

图 4-11 求职人员找工作主要关注因素

注：此项为多选题，调查被访者找工作中最关心的三个因素。

影响力，而低学历农民工相对而言更看重工作稳定性和通勤时间/地理位置。如图4-12所示，招聘信息与技能培训是求职人员期望得到的主要就业服务项目。同时，一些被访者反映求职过程中存在外地身份、性别、学历（如文科生）等歧视现象，曾经遭遇过虚假招聘、中介诈骗、非法用工等经历，期待加强人力资源市场监管。

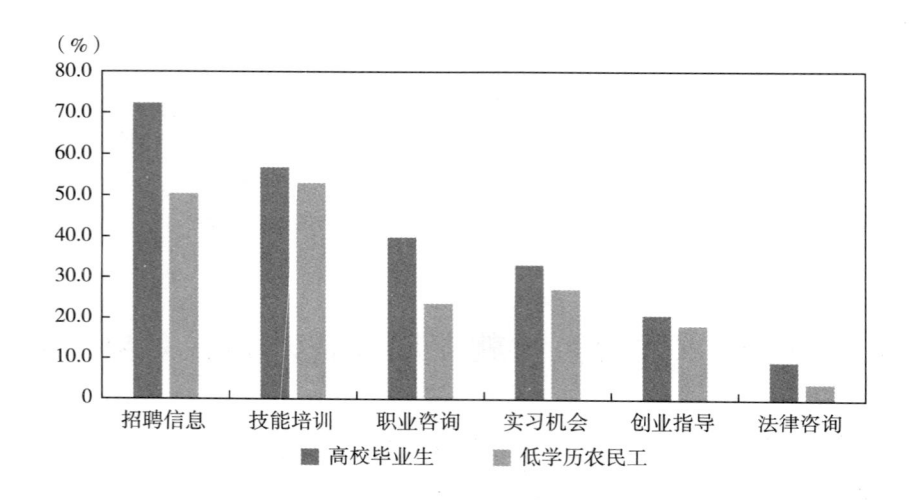

图4-12 求职人员希望得到的就业服务项目

注：此项为多选题，调查被访者最期望得到的三个项目。

（八）人力资源市场供给侧的总体判断

高校毕业生刚刚进入劳动力市场，当前工资水平、期望工资水平以及保留工资水平均要稍低于低学历农民工的工资水平。高校毕业生自愿性失业占主体，主动辞职更换工作的意愿较强。高校毕业生偏向于技术岗和管理岗，岗位需求与用人单位招聘需求存在匹配矛盾。高校毕业生对工资收入的可接受范围更广，期望工资较高，而保留工资较低。

当前高校毕业生就业形势不容乐观。高校毕业生工作搜寻周期更长，就业匹配难度更大。高校毕业生、低学历农民工等重点群体面临短期就业难与长期失业风险的双重挑战，工作搜寻周期逐步延长，期望工资趋于下降，平台兼职与自主创业成为应对就业难的过渡方式。

求职人员经验与技能缺乏是主要短板，人力资源服务与监管仍然存在空隙。被访者普遍反映求职中存在面试紧张、应变能力缺乏、文凭太低、专业不对口、技能不足等问题。就业歧视以隐蔽的方式普遍存在，尤其是性别（包括生育）、年龄（如35岁现象）、应届毕业生界定、民族身份、残疾人等歧视较为常见。人力资源服务行业监管压力较大，中介诈骗（如中介费、服装费、APP会员费等）、虚假招聘（招聘公司与面试公司、岗位与实际工作不一致等）、劳务派遣引发纠纷、非法用工等现象不时出现。建议政策部门重点做好以下几个方面的工作。

第一，提升求职人员就业搜寻与自主创业能力。人力资源服务机构与高校加强合作，强化高校毕业生就业指导，着力提高就业搜寻和求职技能，引导求职人员通过公共、权威、有影响力的大型招聘平台投递简历。建立针对有创业意向的高校毕业生的信息平台，有针对性地提供创业指导和政策扶持。

第二，加强人力资源市场服务与监管。在高校毕业季开展人力资源服务行业重点整治，打击虚假招聘、非法中介、就业歧视等行为，建立人力资源服务行业的黑名单和白名单制度，净化行业风气。加强人力资源服务监管部门与教育培训、工商、法律、协会等部门协调，全方位保障求职人员劳动权益。

五 人力资源匹配与人力资源服务业发展

中国是人力资源大国，将巨大的人力资源转化为经济增长源源不竭的动能，是实现中国式现代化的必然要求和关键举措。人力资源高效合理配置离不开人力资源服务业的发展，人力资源服务机构是连接劳动供需双方的平台，在促进劳动者就业和职业发展，服务用人单位管理开发人力资源，降低就业和用人单位信息搜寻成本，提升劳动者与岗位匹配的效率等方面发挥着重要作用。随着信息化时代的到来，劳动力市场正在发生深刻变革，灵活就业、弹性工作制等新型劳动关系现象日益普遍，这赋予了人力资源服务业更重要的功能。2007年至今，国家陆续出台了多项文件鼓励和支持行业的发展，我国的人力资源服务业开始横向整合和纵向扩张，初步形成多维度、多层次的服务体系。[1] 为全面了解人力资源服务业的发展状况，本章使用人力资源服务行业数据和微观样本调查数据，对该行业的整体发展状况、就业带动效应、服务内容等进行了考察，并对该行业发展存在的问题进行剖析，在此基础上提出了人力资源服务行业优化升级的路径。

---

[1] 王征、唐鑛：《新经济时代人力资源服务业发展研究——国际经验与中国实践》，《中国劳动》2019年第12期。

（一）人力资源服务业发展整体情况

1. 行业整体发展情况

人力资源服务业作为连接劳动力市场供给方和需求方的媒介，其发展必然受到制度变迁的影响。人力资源服务业快速发展起步于 2008 年《中华人民共和国劳动合同法》的实施，该法中包括了对劳务派遣的规定，这使人力资源服务业的发展获得了正式制度的许可和支持。从法律实施后的效果看，2008 年后人力资源服务机构数量快速增长（见图 5-1），全部机构数量从 7105 个增加到 2011 年的 56000 个，其中非公有制机构数量从 2843 个增加至 2011 年的 15196 个。

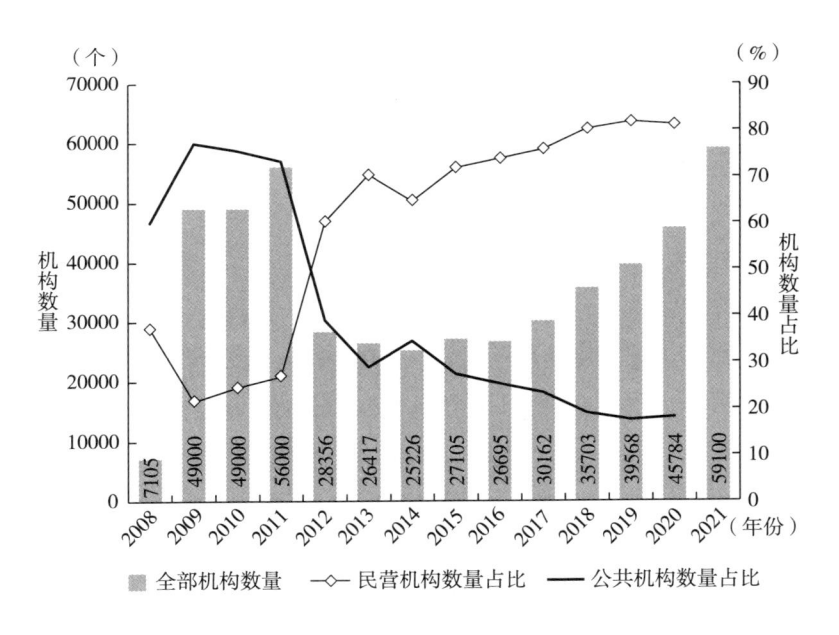

图 5-1 人力资源服务机构数量变化

2012 年后，人力资源服务机构改革加快，机构数量快速下降，从 2011 年的 56000 个骤降至 2012 年的 28356 个，降幅达到 50%，到 2014 年进一步将至 25226 个。人力资源服务机构数量的大幅下降是由于公共机构数量下降所致：2012 年人力资源和社会保障部制定的《关于进一步加强公共就业服务体系建设的指导意见》要求，将各地原县级以上人才服务和劳动力市场各类工作机构进行整合，原地方人事、劳动保障部门的就业和人才服务管理机构合并为综合公共就业服务机构。对公共人力资源服务机构的改革推动了人力资源服务业的市场化，从数量结构看，公共人力资源服务机构的数量占比从 2011 年的 73.21% 下降至 2012 年的 39%。

2014 年后，人力资源服务机构数量处于相对稳定的时期。2014 年人力资源和社会保障部出台了《劳务派遣暂行规定》；同年，人力资源和社会保障部、国家发展和改革委员会、财政部印发了《关于加快发展人力资源服务业的意见》；同时也成立了专门的人力资源服务业的监管机构。一系列制度约束的出台推动人力资源服务业的发展进入良性发展轨道。这一时期，人力资源服务机构数量处于相对稳定状态，数量稳定在 2.7 万个左右。

2017 年人力资源和社会保障部制定了《人力资源服务业发展行动计划》，提出实施"骨干企业培育计划""领军人才培养计划""产业园区建设计划""'互联网+'人力资源服务行动"，这些具体行动计划的实施使人力资源服务业发展的市场环境和要素支撑条件获得很大改善，产业进入快速扩张期。2017 年开始，人力资源服务机构数量快速增加，从 30162 个提高至 2021 年的 59100 个，其中非公共部门人力资源服务机构数量从 23110 个增加到 37501 个，占比达到 81.9%。

从人力资源服务业从业人员规模来看，其与机构数量变化趋势基本一致，但从业人员规模增长更为稳定，从 2013 年的 35.8 万人增加至 2021 年的 103.15 万人。虽然人力资源服务业从业人数占全部非农从业的比重并不高，2021年占全部非农从业人数的比重仅为0.3%，但却是一个成长较快的行业，2013—2021年其规模提高了近2倍（见图5-2），可以预期其对总就业增长的拉动效应越来越大。

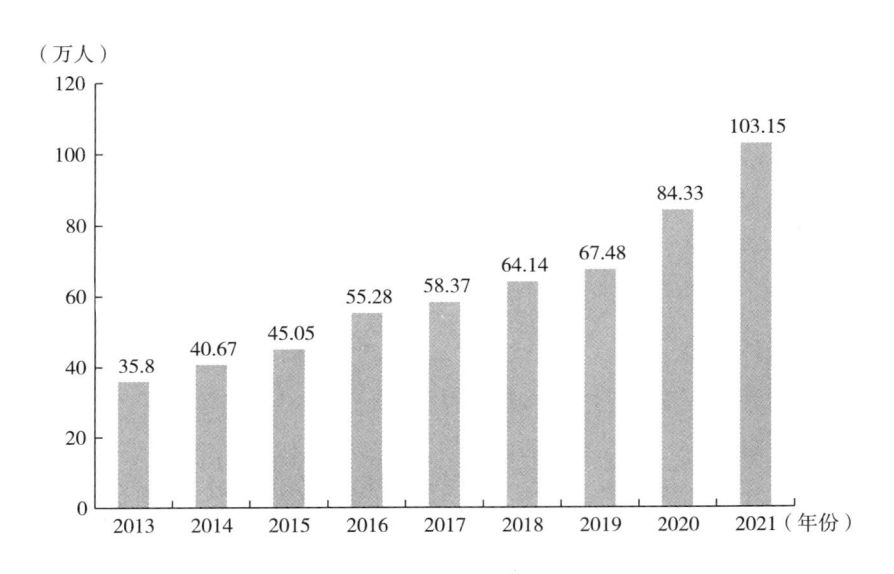

图5-2 人力资源服务业从业人员数量变化

人力资源服务机构属于中介机构范畴，该行业提供服务的需求方是其他行业的企业，因而在一定程度上人力资源服务业的业务内容变动是产业分工变化的映射。随着新一轮科技革命和产业变革蓬勃兴起，数字技术快速发展，新产业和新业态不断涌现，劳动分工越来越专业化，这也导致人力资源服务业的内容日益多样化和专业化。目前，人力资源服务业的主要服务领域包括招聘服务（举办线上线下招聘会）、人力资源外包服务、劳务派遣服务、培训服务、人才测评服务、管理咨询服务、高级人才寻访（猎头）服务、流动人员人事档案管理等。从服务内容增长情况中一方面可以了解行业自身发展方向，另一方面也可以看到产业结构转型和市场需求变动的方向。

如图 5-3 所示，人力资源服务中增长较快的是猎头服务网络发布岗位求职和需求信息，2013—2019 年该业务增长率达到 27.8%，高居各类服务领域之首。这说明国家整体产业升级趋势明显，相对于高端产业的就业岗位需求增长幅度比较大。管理流动人员人事档案业务量年均增长 17.0%，居于第二位，这意味着随着企业生产效率的提升，企业倾向于将传统的常规管理事务交由专业化的机构去做，这样企业可以节约人工成本和管理成本，聚焦主要业务，提高生产效率。另外，网络发布岗位信息和网络发布求职信息增长较快，而举办现场招聘会增长则较慢，说明互联网的使用拓宽了信息渠道，降低了供需双方搜寻成本，成为人力资源服务业行业扩张的重要动力。劳务派遣服务出现负增长，这与制度规制趋紧有关，2014 年《劳务派遣暂行规定》中规定用工单位应严格控制劳务用工数量，企业使用派遣劳务用工的比例不得超过用工总数的 10%，这压缩了劳务派遣需求空间，因而人力资源服务机构的业务数量也出现下滑。

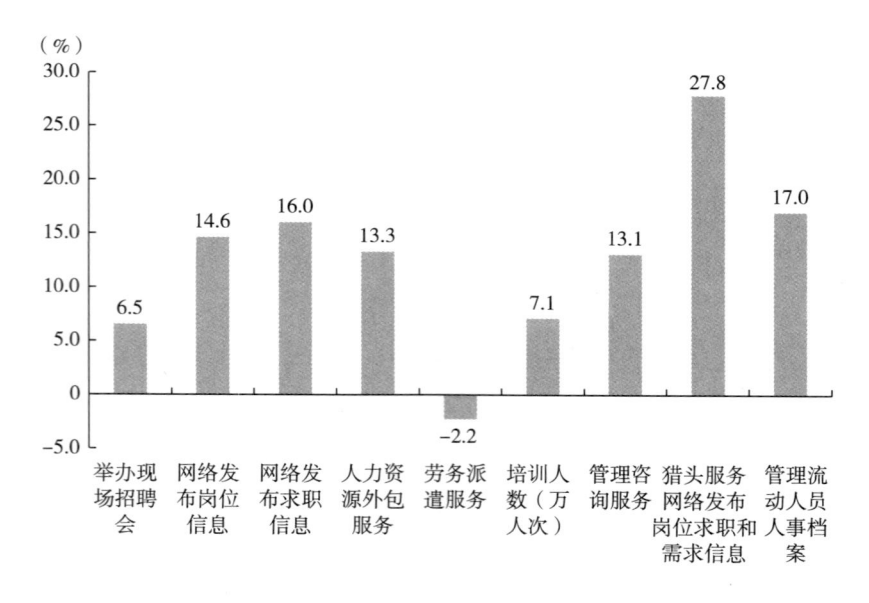

图 5-3　人力资源服务业主要业务增长情况：2013—2019 年

2. 就业带动效果考察

人力资源服务业对就业的拉动效应可以从两个角度来观察，一是从自身吸纳就业的增长，二是从其帮助实现就业和流动人数的增长。从人力资源服务业自身成长来看，如图5-4所示，人力资源服务业本身创造的就业岗位增速较快，远远高于全国非农就业增长率。从行业成长性来看，2013—2020年人力资源服务业营业收入（不含代收代付）年均增长率为25.1%，远超同期GDP和服务业增加值的增长速度。这再次表明人力资源服务业是一个成长性比较强的行业，在就业格局中的地位可能会进一步提升。

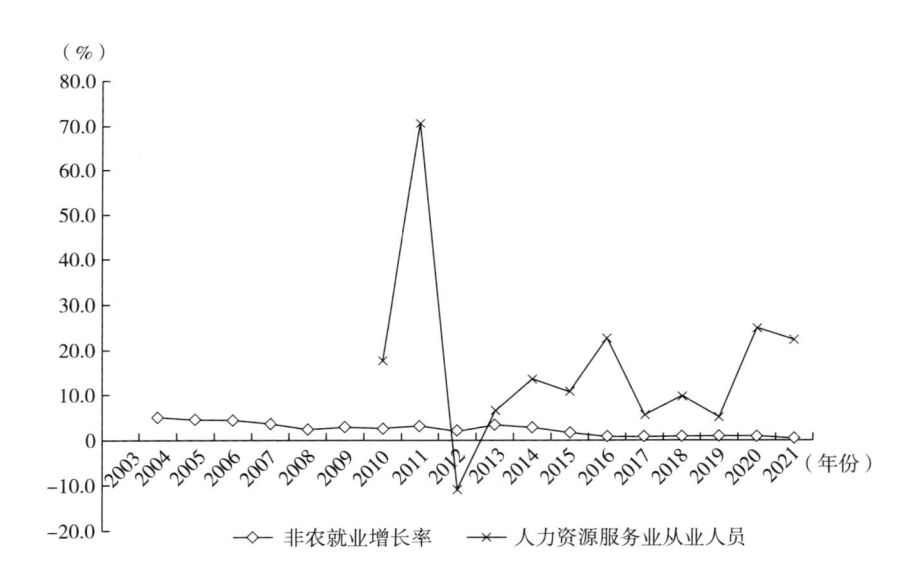

图5-4 人力资源服务业就业增长率变动

人力资源服务业发展有助于降低劳动力配置成本，例如降低劳动力供需信息搜寻成本、提升劳动力市场专业化程度，因而是保障充分就业和提高就业质量的重要载体。人力资源服务业对就业的带动效应还可以通过其帮助实现就业或者再配置的人数来反映。如图 5-5、图 5-6 所示，2008—2021 年，人力资源服务机构帮助实现就业和流动人数从 1391 万人次提升至 30400 万人次，年均增速为 26.8%；服务用人单位数量从 470 万个，提高到 5099 万个，年均增长率为 20.1%。无论是从服务的

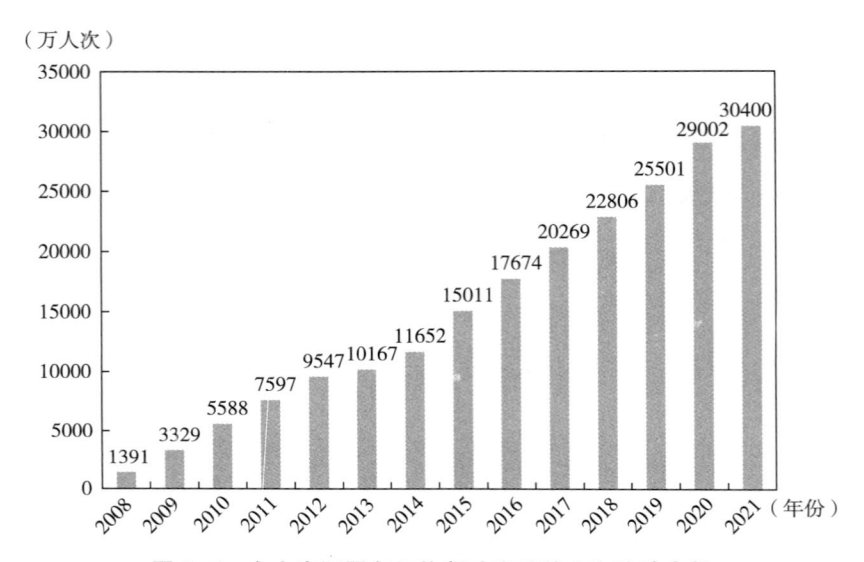

图 5-5 人力资源服务机构帮助实现就业和流动人数

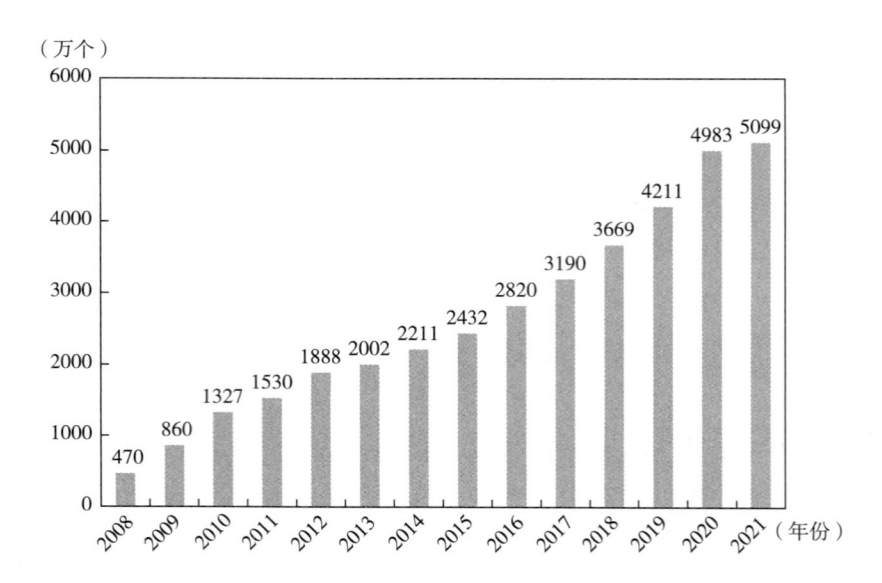

图 5-6 人力资源服务机构服务用人单位数量

供给人数还是需求人数看，都呈现出了较快的增长趋势，远远超过就业本身的增长，说明人力资源服务业在人力资源配置上发挥的作用越来越重要。

（二）人力资源服务机构的结构特征与服务内容：基于微观样本的分析

上述使用行业层面的数据对人力资源服务业整体发展状况进行了考察，本节进一步使用人力资源服务机构微观样本数据，对人力资源服务业的结构特征和服务内容进行分析。

1. 结构特征分析

"人力资源服务业"的表述是由中国学者提出的，国际劳工组织和部分发达国家较常用的说法是"私营就业服务业"。[①] 中国的人力资源服务业发展至今，该行业机构的所有制类型包括国有企业、民营企业和外资企业、合营企业等。从不同所有制人力资源服务机构的数量分布来看，如图5-7所示，2021年，私营企业数量占全部企业数量的80.43%，其他数量占8.28%，国有及国有控股企业数量占6.15%，外资或合资企业数量占比为2.97%，机关事业单位数量占2.17%。这一结构与上文使用行业数据分析得到的比例基本一致，这意味着在所有制分布上，微观样本具有代表性。

从人力资源服务机构经营规模来看，100万元以下的机构占比为36.55%，1000万元以下的占63.32%，营收过亿元的企业有328个，营收过10亿元的企业有98个，占比为4.13%（如表5-1所示）。从人力资源服务机构的人口规模分布来看，大多

---

① 侯增艳：《国际人力资源服务业发展及启示》，《中国人力资源社会保障》2013年第10期。

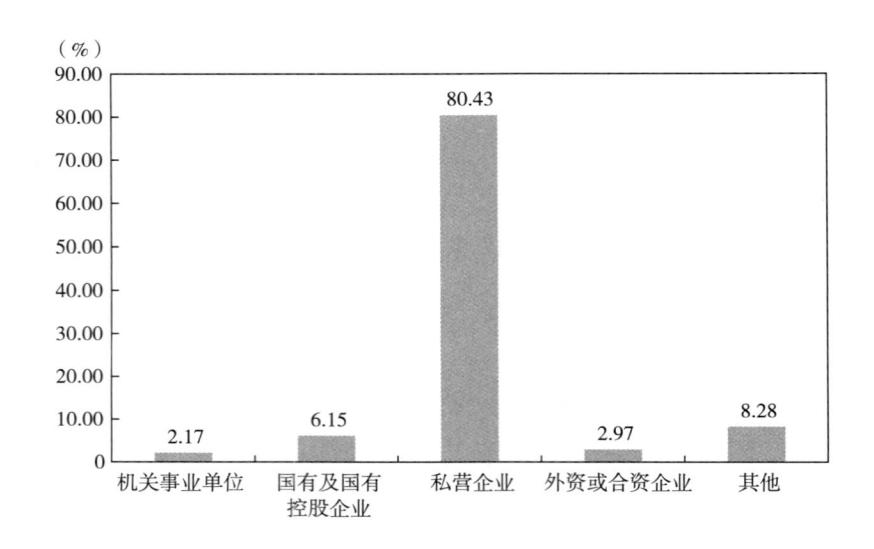

图 5-7　不同所有制人力资源服务机构分布

数机构员工规模都在 10 人及以下，占比达到 81.73%；500 人以上的机构仅有 26 个，占比为 2.3%（见表 5-2）。由于调查企业主要分布在国家级人力资源服务产业园中，因而可知布局其中的规上企业的数量占比相对较高。从人力资源服务业机构的资金密集度来看，相对于企业员工规模，其营收规模比较大，因而这一行业属于资金密集度比较高的行业。

表 5-1　　　　按照规模分类的人力资源服务企业分布情况

机构营收规模划分	机构数量（个）	机构数量占比（%）
100 万元以下	867	36.55
100 万—499 万元	418	17.62
500 万—999 万元	217	9.15
1000 万—2999 万元	285	12.02
3000 万—4999 万元	122	5.14
5000 万—9999 万元	135	5.69
10000 万—49999 万元	173	7.29
50000 万—99999 万元	57	2.4

续表

机构营收规模划分	机构数量（个）	机构数量占比（%）
100000 万元及以上	98	4.13
总数	2372	100

表 5-2　　　　　人力资源服务机构员工规模分布情况

机构员工规模划分	机构数量（个）	机构数量占比（%）
1—10 人	926	81.73
11—100 人	158	13.95
101—500 人	23	2.03
500 人以上	26	2.3
总数	1133	100

从人力资源服务机构员工的地域分布来看，东部地区占54%，中部地区占27%，西部地区占15%，东北地区仅占4%（见图5-8）。从分布规律上看，人力资源服务业分布与区域经济总量正相关，经济体量越大，人力资源服务业分布越广。但如果将人力资源服务业占比与四大区域人口规模和经济规模占比相比可以发现，东部地区人力资源服务业分布相对而言比重更高，中部地区次之，西部地区位居第三，东北部地区最低。由此可知，人力资源服务业相对规模不仅与经济规模有关，还

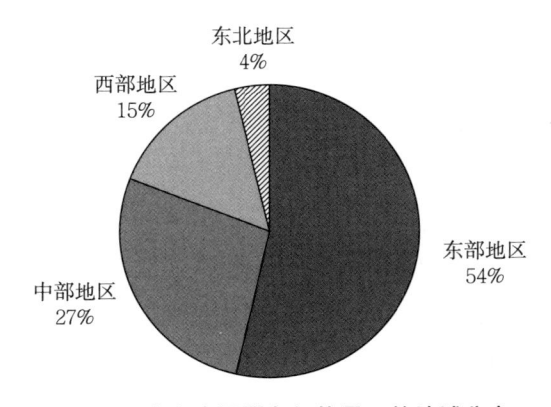

图 5-8　人力资源服务机构员工的地域分布

与经济发展水平和市场化程度相关。东部地区不仅有着较大的经济体量和更多企业需求,更有着活跃的劳动力市场,因此人力资源服务业分布更为集中。

在人力资源服务机构从业人员学历上,如表5-3所示,研究生学历的员工数量占总员工数量的6.0%,大学本科以上(含研究生)占47.0%,大学专科及以上占82.0%,高中及以下占比仅有18.0%。从服务业从业人员整体学历分布看,2020年高中及以下占比为62.5%,大学专科及以上占比为37.5%,大学本科及以上占比为19.8%,研究生占比为2.3%。对比二者可知,人力资源服务业从业人员素质远高于全部服务业平均水平,大学专科学历从业人员占比比服务业平均水平高97.7%,比大学本科学历占比高134.3%,比研究生学历占比高160.9%。人力资源服务业人员素质结构与金融业比较接近,因而该行业属于高人力资本行业。

表5-3　　　　人力资源服务机构从业人员学历结构比较　　　　单位:%

	人力资源服务业	服务业	金融业
高中及以下	18.0	62.5	24.9
大学专科	35.0	17.7	25.2
大学本科	41.0	17.5	43.0
研究生	6.0	2.3	6.9

2. 服务内容分析

企业存在的依据是能够提供市场主体对产品和服务的需要。人力资源服务业服务主要在于畅通劳动力市场供给和需求,其服务必然是围绕着劳动力市场的供需展开的,而人力资源服务业的专业化分工也必然与其服务的产业专业化分工相对应。因此,考察人力资源服务机构提供的服务不仅是全面地认识该行业发展的重要视角,也是认识整体国民经济产业结构状况和专业化分工状况的重要视角。

从行业分布看，在受委托发布招聘岗位分布中，制造业占比最高，达到 35.70%；交通运输、仓储和邮政业次之，占比达到 10.38%；批发和零售业，信息传输、软件和信息服务业，住宿和餐饮业处于中间水平，占比分别为 7.20%、6.90% 和 6.15%；公共管理、社会保障和社会组织业，建筑业，卫生和社会工作业，金融业的占比较低，分别为 4.87%、4.33%、4.11% 和 3.98%（见图 5-9）。可以看到，制造业和生产性服务是人力资源服务机构的主要服务对象，其服务数量占比显著高于生活性服务业。这是因为制造业和生产性服务业的专业化分工比较细，因而对人力资源服务需求也更大，受委托发布招聘岗位在这两大产业中占比更高。

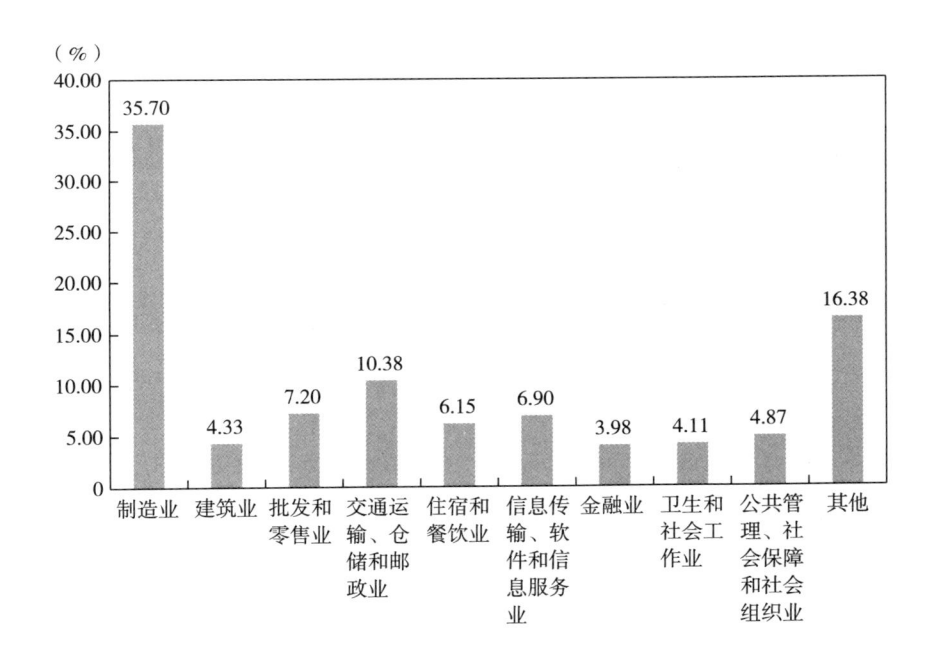

图 5-9　受委托发布招聘岗位的行业分布

从岗位技能看，在人力资源服务机构受委托发布招聘岗位中，要求有经验的比例为 56.80%，要求高校毕业生的比例为

35.10%。分不同信息发布来源看,各类机构发布的岗位对有经验人数需求的占比达到56.66%,其中机关事业单位发布要求有经验人数比例仅为34.43%。企业对有经验劳动力需求比较高,国有及国有控股企业达到63.34%,外资或合资企业为59.02%,私营企业为54.63%(见图5-10)。其他类型机构(可能包括一

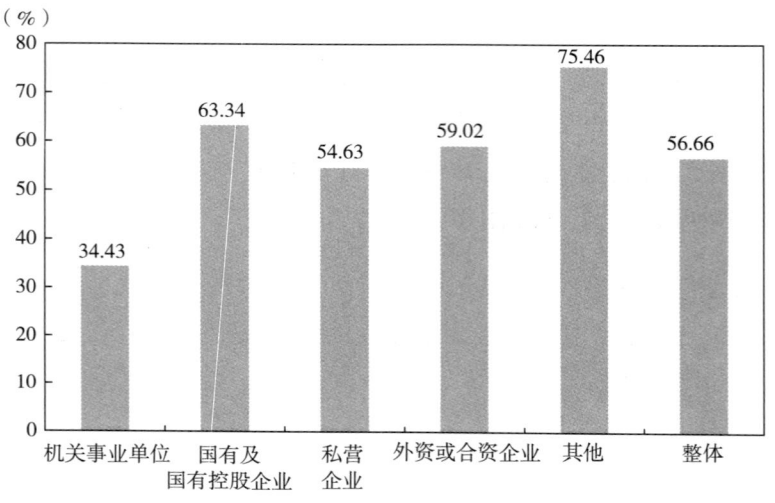

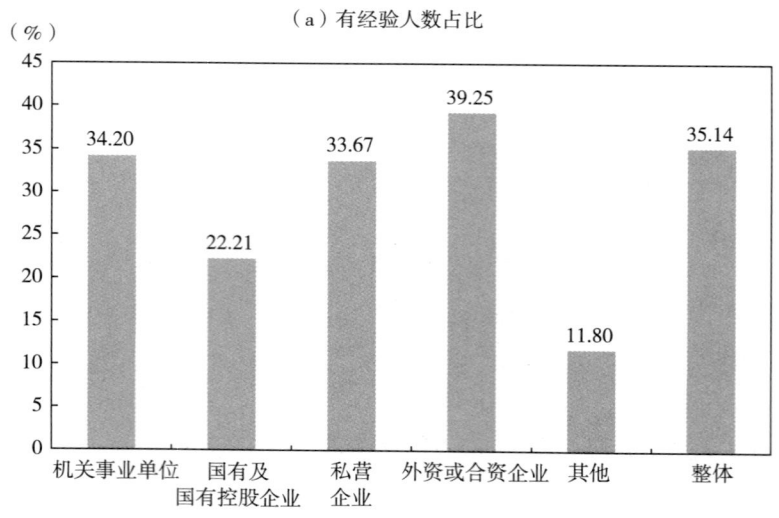

(a)有经验人数占比

(b)大学及以上学历就业岗位人数占比

图5-10 不同所有制企业发布岗位需求中有经验和大学及以上学历人数的比例

些合作社、非营利机构等主体）对有经验劳动力需求比例更高，达到75.46%。从大学及以上学历需求占比的分布来看，机关事业单位达到34.20%，国有及国有控股企业比例为22.21%，外资或合资企业为39.25%，私营企业为33.67%，其他类型机构仅为11.80%。由这些数字可知，政府部门对劳动者基础知识的要求更高；而市场化的机构既要求劳动者经验又要求技能素质。

从不同规模机构看，规模越大的企业发布岗位需求对经验要求越高，10—99人机构发布有经验劳动者需求占比为53.42%，而1000人及以上企业有经验劳动力需求比例为75.67%；在大学及以上学历就业需求比例上则与有经验劳动者需求基本相反，规模越大的机构发布有经验劳动力需求比例越低，最高为10—99人的机构，发布的岗位需求信息中大学及以上学历就业人数比例为40.24%，最低为1000人及以上的机构，其就业人数比例为8.10%（见图5-11）。出现这种结果的原因可能为：一方面，越是规模大的人力资源服务机构，越追求规模经济效益，服务人群规模越大，平均成本越低；但另一方面，服务人群规模大，其服务对象的知识专业化程度就不可能很高。大学及以上学历人员可能工作经验不足，但其知识更专业化，因此也需要更加专业化的人力资源服务机构，而且为其服务的机构规模也不会太大。

图5-12进一步证明了这一观点，规模以上企业发布的就业岗位中应届毕业生比例较低（31.96%），有工作经验人员岗位比例较高（60.81%）。而规模以下企业发布的就业岗位结构正好与规模以上企业相反，应届毕业生比例较高（60.98%），有工作经验人员的比例较低（32.55%）。这些比例关系反映了在劳动力市场分工日益分化的环境下，人力资源服务机构在不同市场领域的业务选择特征。

（a）有经验人数占比

10人以下：58.47
10—99人：53.42
100—499人：63.32
500—999人：63.77
1000人及以上：75.67
整体：56.73

（b）大学及以上学历就业岗位人数占比

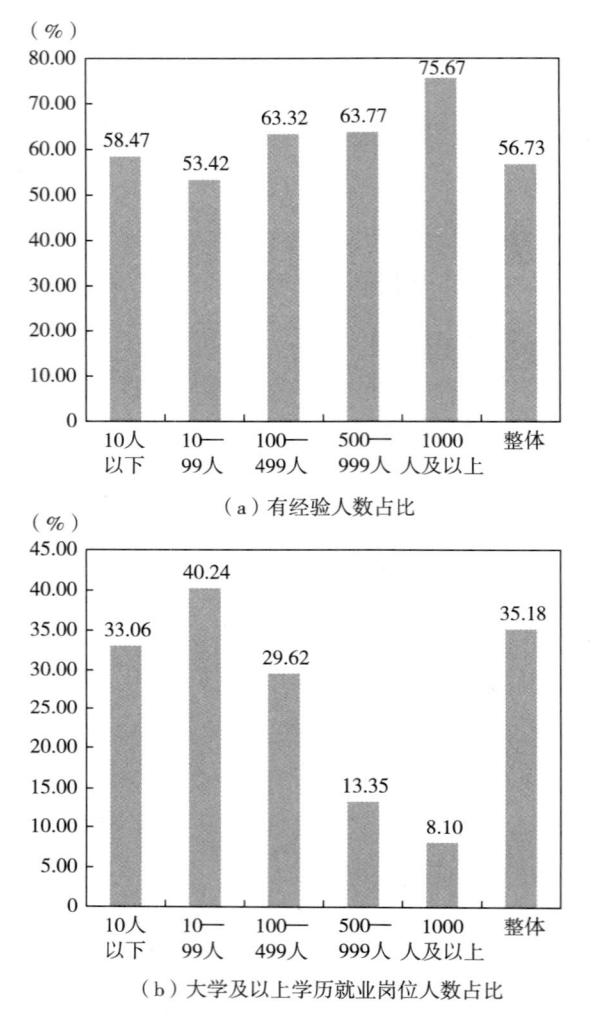

10人以下：33.06
10—99人：40.24
100—499人：29.62
500—999人：13.35
1000人及以上：8.10
整体：35.18

图 5-11 不同规模企业发布岗位需求中有经验和大学生的比例

接下来，我们具体从人力资源服务业的业务开展情况看。根据调查数据，我们测算了职业培训等六大领域中开展业务的机构占所有被调查机构数量的比重。如图 5-13 所示，提供人力资源管理咨询服务的机构比重最高，达到 58.78%；开展职业培训的比重次之，达到 42.22%；猎头服务、其他项目和人力资源测评居于中间水平，分别为 31.84%、28.64% 和 25.15%；提供人力资源信息软件服务的机构占比最低，为 19.06%。

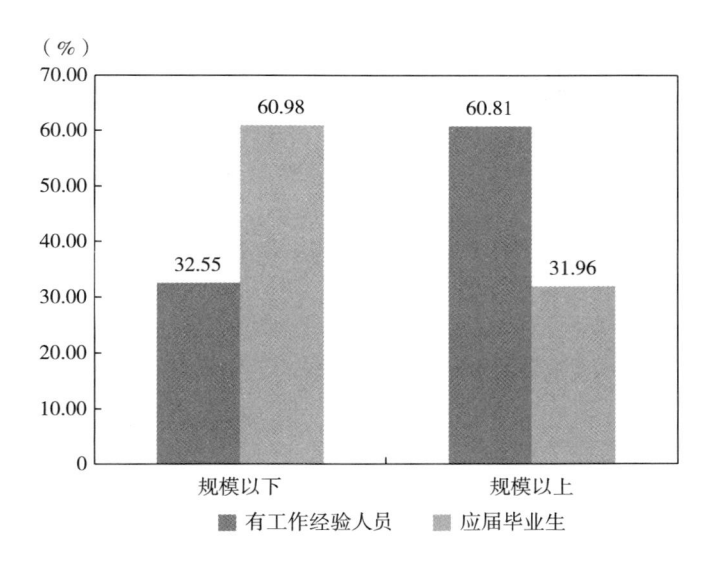

图 5-12 规模以上和规模以下机构发布岗位中有工作经验人员和应届毕业生的比例

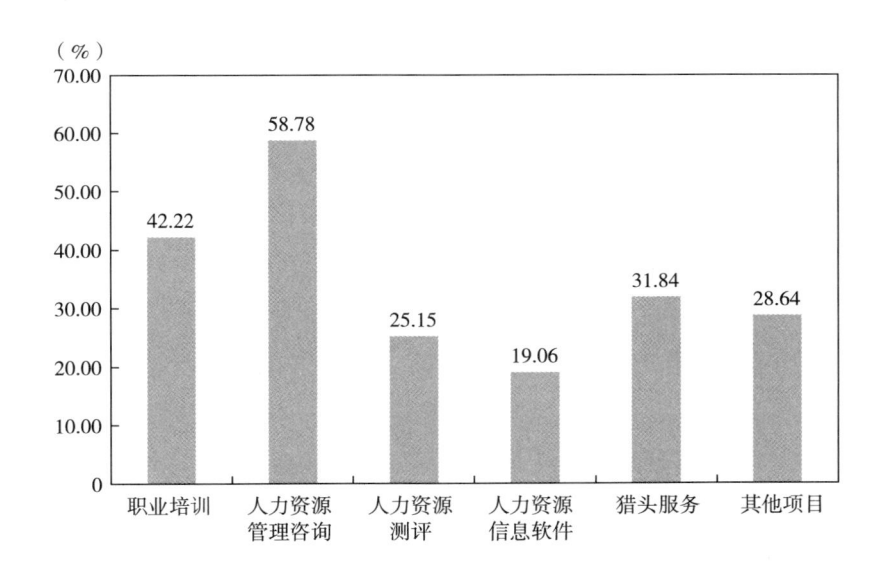

图 5-13 提供相关服务机构占全部机构数量的比重

如表 5-4 所示，开展劳务派遣服务的企业数量占全部企业数量之比为 72.07%，开展招聘服务的企业占比为 65.31%，同时开展劳务派遣服务和招聘服务的企业占比为 47.66%。这一结果反映出随着产业分工深化，大多数企业开展业务有所侧重，并非面面俱到，人力资源服务企业的经营呈现日益专业化的趋势。

表5-4　人力资源服务机构开展业务分布情况　　单位:%

劳务派遣服务 \ 招聘服务	不开展	开展	合计
不开展	10.28	17.65	27.93
开展	24.41	47.66	72.07
合计	34.69	65.31	100

（三）人力资源服务业面临的问题与挑战

1. 人力资源服务业产业体系尚不完善、发展层次偏低

我国人力资源服务业起步于改革开放初期，经过40多年的发展，规模不断扩大、服务内容逐步多样化、行业规范程度明显提升，但总体来看该行业的发展与我国产业转型升级的要求相比还有一定差距，也与发达国家存在不小差距。

首先，从行业总规模上看，美国2020年人力资源服务业就业人数占全部就业的比重为1.31%,[1] 而中国同期人力资源服务业就业占全部非农就业的比重为0.18%,[2] 可见在人力资源服务业相对规模上中国与美国有不小差距，这也在一定程度上意味着我国人力资源服务业规模与现代化产业体系要求远远不足，还有很大的发展空间。

---

[1] 资料来源于美国社会调查（American Community Surveys），其中人力资源服务的行业主要包含"租赁和商务服务业"下的"就业服务"和"公共管理、社会保障和社会组织"下的"人力资源项目管理"。

[2] 资料来自人力资源和社会保障部《人力资源服务业发展情况（2008—2020）》。

其次,从服务内容和方式上看,发达国家的人力资源服务业已经拓展了更加多样化、高品质和专业化的服务内容。而我国人力资源服务业的中小型人力资源服务企业数量占比较高,专业化程度不高,服务水平参差不齐,品牌建设意识不强,大部分人力资源服务企业的中高端服务和产品供给能力较弱,提供各类客户需求的人力资源服务"一揽子"解决方案的能力还有欠缺。[①] 例如,发达国家人力资源服务机构在招聘服务方面更为全面,包括人才搜索、招聘流程管理、面试辅导、背景调查、薪酬谈判等,而中国招聘服务主要以发布招聘信息和进行简单的初步筛选为主。

最后,在产业的国际竞争力上,中国与发达国家还有较大差距。西方发达国家的人力资源服务企业成为国际服务贸易的重要一环,例如美国的 ADP 公司为全球 192 个国家 92 万家企业提供服务,瑞士的 Adecco Group 公司为全球约 40 个国家提供服务;中国虽然也成长起来一些大型人力资源服务机构,如前程无忧 51job、智联招聘等,但整体规模较小,开展国家化的企业寥寥无几。

2. 推动人力资源服务业发展的制度和政策体系有待完善

行业健康发展离不开制度和政策环境的保障,人力资源服务业体系庞大、分工复杂,加之随着市场规模的扩大和技术手段的进步,该行业自身也在发生着剧烈的变动,该行业的制度和政策体系还存在一些与行业发展趋势不相适应的短板弱项。

一是法律法规体系还不健全。在劳务派遣和劳务外包的界定上,相关法律法规的界定还不够全面和系统。由于新就业形态不断涌现,劳务派遣和劳务外包之间的界限日益模糊,一些

---

① 杨剑等:《国内人力资源服务业研究综述——基于 CNKI 2002—2022 年的文献分析》,《黑龙江科学》2022 年第 23 期。

企业为降低用工成本、逃避法律规制、降低用工风险，可能采取实质为劳务派遣活动、名义为劳务外包形式的策略降低风险和成本。虽然《中华人民共和国劳动合同法》《劳动合同法实施条例》《劳务派遣暂行规定》等法律条文提供了两种用工类型的识别标准，但由于具体情况非常复杂，依据这些法律条文并不能很容易地识别真实用工性质，一旦发生纠纷，需要花费很大举证成本，增加了劳动者维权难度，同时也增加了稽查违规用工的难度。因此，需要更简洁的规定和更有效的程序以降低识别成本。此外，现有法律法规中对劳务派遣有着严格规制，但对劳务外包的规定过于笼统，缺乏可操作性，导致劳务外包成为规避用工约束的通道。事实上，很多灵活用工领域的纠纷都发生在劳务外包领域。因此，需要完善该领域的法律约束，堵住利用劳务外包损害劳动者利益的漏洞。

　　二是扶持政策规范性还有待提升。政府制定人力资源服务业扶持政策的初衷是为了鼓励和支持人力资源服务业的发展，促进就业和经济增长。但过于慷慨的政策优惠可能产生激励扭曲问题，阻碍产业生产效率和竞争力提升，滋生寻租行为。这些问题集中表现在税收政策方面：首先，企业虚开增值税发票非法牟利问题。一些用工企业发布虚假用工需求，例如伪造用工活动材料和资金流水账目，利用人力资源企业或与之合谋虚开进项税发票，以达到偷税漏税的目的。从外部因素看，这一问题发生与人力资源服务业业务本身特征有关：与物质生产部门相比，人力资源服务业生产过程不容易追踪，采购流程更加灵活，对设备和技术购置的要求更低，因而在进项税环节衡量更加困难，监督成本更高。其次，为就业人员偷逃个人所得税提供帮助。对灵活就业人员和个体工商户，由于征税信息难以获取，税务机关很大程度上依赖人力资源服务企业提供信息，这种情况为人力资源企业帮助其偷逃个人所得税提供了空间。例如，一些从业人员特别是高收入者，如按照综合所得应缴纳

3%—45%的个人所得税，但通过注册个体户或者个人独资企业，将劳动所得转换为经营所得，税率可以大幅降低，最低可降至1%。最后，各地税收返还竞争导致逆向激励问题。近年来各地为争夺人力资源企业也不同程度地出现了政策优惠大比拼，例如各地区兴办的人力资源服务业产业园实施的各种税收优惠。一些地方政府将企业所缴纳的增值税、企业所得税和个人所得税中的地方留存部分返还给企业，以扶持企业的发展，有些地方返还比例高达90%，甚至落户后3年内予以全额返还。由于人力资源企业资金流水比较大，产生的税收也比较大，因而税收返还额度也很大。很多企业仅从事税收减免所涉及的业务领域就能够获得丰厚的收益，这必然导致真正需要投入资源进行产品研发、人才培养、客户维护的业务领域受到挤压，从而不利于长期企业生产效率的提升。与此同时，政策优惠过多也会增加寻租空间，一些企业可能会通过不正当手段获得机会，从而对其他企业形成不公平竞争，导致"劣币驱逐良币"的现象，从而影响人力资源服务业品质、效率和竞争力的提升。

三是行业标准建设与快速变化的市场需求还不匹配。标准化是行业发展走向成熟和规范的必然途径，因此在市场经济下，制定标准是推动行业高质量发展的重要保障。当前，人力资源服务业业务范围不断拓展，但与之相关的标准体系建设还不能与快速变化的市场需要相匹配。首先是标准的系统性不够，一些领域存在交叉重复现象，而另一些领域则存在覆盖不全、可操作性低等问题，例如在基础性、管理类、技术类标准制定方面不够。其次是人力资源服务标准市场化程度不高，标准制定大多由政府主导，市场自主制定、快速响应需求的标准欠缺，与国际通行标准的对接也不够。最后是标准化组织亟待完善，标准化建设的人才队伍需加大培养力度。

3. 平台企业垄断势力增强导致人力资源服务业和劳动者议价能力下降

当今信息化时代下，数字经济正全面融入人类生产和生活的各领域和全过程，深刻影响人们的生产生活活动。信息化和数字经济的发展，赋予平台企业更大的规模经济和范围经济特征，使其垄断力量不断增强。平台经济的发展是导致劳动关系改变的重要推动力，其发展深化了劳动分工，使完成工作由过去更多地依靠"职业"形式，转向更多地依靠"任务"，而传统劳动关系并不必须要通过职业的形式来完成，这导致灵活用工形式在就业中的比例越来越高。

平台企业凭借其强大的资源整合能力、信息搜集能力和专业化的法律团队，在与就业者的博弈中占据着强势地位，而普通职业者缺乏相应组织的支持，集体协商或者谈判能力较弱，尤其是灵活就业人员谈判能力更弱。这种力量格局下，灵活就业人员的收入和福利待遇往往被压低，在发生劳动纠纷时，其权益往往无法得到有效保护。平台企业垄断势力的增强也削弱了人力资源服务机构谈判地位，使其调节劳资博弈的能力下降，一些市场化的人力资源服务机构则完全站在平台企业的立场。因此，平台企业垄断力量的增强进一步通过人力资源服务业强化了劳动者的弱势地位。可以说，灵活就业人员要面对平台企业和人力资源服务企业的共同挑战，其结果必然是降低劳动者在收入分配中的份额，从而加大收入分配的不平等。

（四）人力资源服务业转型升级路径

人力资源服务业首先要放在整个经济社会发展大格局中去思考其未来的发展路径。近年来，我国经济、社会、文化、科技等宏观环境发生了深刻变化。首先，中国经济新旧动能正加快转换，产业结构调整与转型升级，新业态涌现；其次，人力资源禀赋的变化，包括人口状况、动力状况、数量状况、质量状况、结构状况乃至人们的就业择业愿望等；最后，信息技术、人工智能等的新发展对就业结构和就业形态的影响。这都要求人力资源服务业向高端化、专业化、数字化和规范化等方向升级。

1. 围绕产业转型升级需要，推动产品和价值链迈向中高端

人力和人才资源对中国经济转型升级至关重要。随着产业链的向上攀升，除一线技术工人，企业对研发、产品、销售等岗位的高精尖人才需求也越来越大，但同时企业也存在着人才短缺、人力成本持续上升等诸多困扰。

人力资源行业应以技术和知识密集型为主的产业体系为重点，加强推进"人才+资本+技术+服务"的跨界融合，促进价值链升级。加快创新中高端人才访寻、在线招聘、人才测评、组织能力建设、人力资源软件系统等适应人力资源服务新消费的产品体系，形成具有高技术含量、高附加值的产品业态。积极探索人力资源的职前教育、职前规划、职中培训、职后生活服务的全生命周期服务体系，提供高质量的人才供给，提升单个劳动者的劳动效率。同时，探索实施人力资源服务业品牌战略，把品牌战略作为推动人力资源服务业转型升级和提升行业软实力的重要途径。

2. 服务于产业专业化发展要求，在细分领域精耕细作

随着中国各行业市场竞争的加剧，市场对人力资源服务的专业化要求也日益提高，业务广泛而专业程度低的人力资源服务商将很难再满足不同客户的专业化、个性化需求。人力资源服务机构要以专业化发展为基点，聚焦服务内容、服务对象、服务人员，着力在"专、精、深、细"上下功夫，提升核心竞争力，推动人力资源服务业向专业化、精细化、多元化水平演进。

在服务内容方面，围绕新技术、新产业、新业态、新模式，不断开拓产品内容，丰富产品品类，提升服务产品功能，培育新增长点。明确定位自身的优势和细分市场，进一步提高服务的专注度，聚焦核心业务模块，不断精细化服务，为客户提供更具差异化的高效服务和更高附加值的综合性服务，从而保持竞争优势。如灵活用工、招聘（猎头和在线招聘）和人事代理及薪酬福利外包等细分赛道，专业化产品日益涌现。

在服务对象方面，人力资源服务业要与重点企业、行业融合发展，深度服务产业链、创新链。针对某些国家战略型新兴行业，人力资源服务业机构可以根据行业发展特点，利用其专业知识和技能，提供个性化的人员招聘、培训、员工福利管理等服务，提升企业市场竞争力；精准对接市场主体，人力资源服务企业可直接进驻重点企业、重大项目，开展"嵌入式""耦合式"服务新模式；探索人力资源服务机构深度融入地方三级劳务服务体系建设，构建满足地方各层次需求的人力资源服务体系。

在服务人员方面，全面提升从业人员专业化、职业化水平，建立专业化的人力资源、法务、财税、技术等团队，逐步提高人力资源服务业高层次人才占比。着重提升员工素质，注重行业人才培训，打造一支素质优良、结构合理的人力资源服务人才队伍，培养一批视野开阔、能力卓越的行业领军人才。

3. 紧扣技术变革的脉搏，加快行业整体数字化转型

在数字经济浪潮之下，5G、云计算、大数据、人工智能、区块链等技术的革新式发展，技术间的交叉融合对人力资源服务业行业的赋能作用也逐渐凸显，企业人力资源管理数字化转型势在必行。人力资源服务需要加快科技创新融合发展，通过新兴信息技术，对人力资源服务信息、服务内容、服务对象、服务过程与服务结果进行数字化，使其服务更加高效、更加智能化和精准化。

一是加强信息技术在产品中的应用，扩大人力资源服务的数字化供给。在线招聘领域，利用视频化及智能化提升实时性与交互性；打通企业人力资源服务各环节数据，构建企业人力、业务全域数据资产；创新数字化平台化的服务模式，连接"招培就"各方主体；搭建统一开放的信息化平台，建立人力资源信息公共服务网络体系，提高公共人力资源服务信息化水平。

二是人力资源行业自身的数字化转型。人力资源服务机构需要通过数据分析和挖掘，实现数据驱动的管理，提高决策的准确性和科学性。建立智能化服务平台，整合内部各个业务板块和外部的合作伙伴，实现资源的共享和协同。政府部门强化人力资源服务基础数据库建设，探索建立人力资源公共数据资源开放清单制度，依法有序向符合条件的人力资源服务企业开放产业、人口、教育、医疗等有关数据信息，为高层次人才预测、有效吸引和留住中高端人才提供配套的数据服务资源。

六　积极应对外部冲击，建设高质量人力资源市场体系

就业是民生之本、发展之基，人力资源市场建设是推进高质量就业的重要基础，因此，不断完善人力资源市场是提高人力资源供需匹配的重要途径。当前我国人力资源市场面临短期和长期两个方面的困难。短期来看，我国仍处于新冠疫情防控转段后的经济恢复阶段，企业吸纳就业动力不强、后劲不足，稳定就业的任务依然艰巨。总体来看，我国人力资源市场水平与发达国家还有差距，影响要素配置效率的进一步提升，需要通过不断改革推进高质量人力资源市场体系建设。

（一）后疫情时期的稳就业政策

新冠疫情防控转段后，我国进入经济全面恢复时期，但经济恢复是一个波浪式发展、曲折式前进的过程。当前，企业投资和居民消费等出现转好迹象，但市场主体信心不足、经济增长乏力使人力资源市场恢复程度低于预期。就业总量压力和结构性问题仍然突出，青年失业率居高不下，高技能人才短缺，"求职难"和"招工难"并存，促就业、稳就业任务仍然繁重。为应对就业困难和挑战，根据对当前和今后一段时期经济形势的研判，结合本书分析结果，建议重点做好以下几个方面的工作。

一是全力促进高校毕业生等青年就业创业。青年就业是新增就业的主体，青年就业，尤其是大学生就业困难不仅意味着人力资源低效率配置，也意味着社会不稳定因素在积累。鼓励青年创业带动就业，针对高校毕业生、青年农民工等群体，各级政府落实相关部门为其创业项目提供资助，落实创业担保贷款及贴息政策，鼓励各类园区、开发区为青年创业提供要素保障和创业培训。支持和稳定国有企业、机关事业单位对高校毕业生的招聘规模，动员各类企事业单位、社会组织等募集青年见习岗位。引导高校毕业生在基层就业，对到欠发达地区基层单位就业的高校毕业生在转正定级、工资待遇、学费补偿上给予支持。

二是稳定市场主体的就业需求。企业是就业创造的主要载体，尤其是民营企业，是吸纳就业的主力军，在稳定增长、促进创新、增加就业、改善民生等方面发挥着基础性作用。为更好地发挥民营企业就业岗位创造的作用，要贯彻习近平总书记"始终把民营企业和民营企业家当作自己人"[1]的要求，继续加大营造企业发展的营商环境，打破过去存在的一些隐性壁垒和不公平竞争的制度约束，切实解决经营主体面临的融资难、融资贵等问题，尽快稳定民营企业投资信心，激发民营经济发展的内生增长动力。

三是加大就业领域的兜底保障。经济恢复的波浪式发展、曲折式前进决定了必然会面临意料不到的困难，因此，筑牢就业领域的民生底线，不仅是社会公平正义的要求，也是稳定劳动者预期、稳定消费的需要。要加强困难人员就业帮扶，放宽就业困难人员范围，提供有针对性的就业帮扶，加大求职补贴发放范围和力度；保障困难群众基本生活，将符合条件的生活

---

[1] 国务院研究室编写组：《十四届全国人大一次会议〈政府工作报告〉辅导读本2023》，人民出版社、中国言实出版社2023年版，第332页。

困难失业人员及家庭纳入最低生活保障、临时救助等社会救助范围。

四是加强人力资本培育和积累。经济下行时期要注重人力资本培育和提升，为经济恢复筑牢动力基础。加强技能培训体系建设，通过税费减免和资金补贴等政策，鼓励企业和市场培训机构面向社会开展以需求为导向的职业培训，支持用人单位对接培训机构并纳入员工储备计划。在城镇建立应对新冠疫情冲击的"蓄水池"，依托城镇的社区、技能培训中心、职业学校、普通高等院校等平台，将返城未能返岗的农民工、暂未就业的高校毕业生、无工作业务的自由职业者等群体吸纳到本地教育和技能培训体系中。调整农村劳动力转移就业培训思路，在输入地开展就业培训，提高培训质量，积极应对新冠疫情后期经济恢复阶段可能出现的用工短缺问题。

（二）建设高质量人力资源市场体系

建设高质量人力资源市场需要从供给和需求两个方面发力，从供给方面看，要建立多层次职业技能培训体系和人才培养体系，从需求方面看，要提高经济发展创造就业的数量和质量。此外，为促进供需相匹配，还要推动人力资源服务业制度和政策体系的建立健全。

1. 不断增强经济发展的就业吸纳能力

强化宏观调控的就业导向，制定实施宏观政策时要充分考虑对就业的影响，增强财政、货币、产业等政策工具对保障充分高质量就业的支持力度，国家重大政策和工程项目的出台和立项应更充分考虑对就业的促进作用。提升工业，特别是制造业的就业创造规模和质量，优化制造业的营商环境，做大做强新兴产业链，推动先进制造业集群发展，打造更多制造业就业增长点；提高企业参与产教融合的积极性，在破解技能人才不足困境的同时实现就业质量提升。构建优质高效、结构优化、竞争力强的服务产业新体系，为劳动者就业提供更大空间和更多选择。拓展农业就业空间，推动农村一二三产业融合发展，做大做强农业创业孵化园、特色小镇等载体为乡村劳动者提供创业条件，盘活乡村资源，培育出多元化乡村经济业态，吸纳带动更多就业。

2. 建立健全多层次职业技能培训体系和人才培养体系

构建以产业发展需求、高质量就业为导向，以企业、院校和各类培训机构为依托，以职业素养培训、岗位技能提升培训和就业创业培训为主要内容，覆盖全体劳动者、贯穿学习工作终身、适应人才成长需要的多层次职业技能人才培养培训体系。

一是充分发挥企业主体作用。健全全员培训制度，通过岗前培训、在岗培训、技能竞赛、在线学习等多种形式，大力培养企业自身需要的高技能人才；加强与职业院校及应用型本科院校的合作，共建共享职业技能培训体系、实训基地、教学工厂等，全面推行新型学徒制，努力成为产教融合型企业，为行业发展奠定人才基础，为自身可持续发展储备人才。

二是发挥高等院校在技能培训中的基础性作用。加强高水平职业学校建设，统筹职业教育、高等教育、继续教育，推进职普融通、产教融合、科教融汇，引导部分普通高校向职业技术型院校转型，加快培育知识型、技能型、创新型高素质技术技能人才；创新校企合作模式，以产业学院、校内外实训基地等形式，将企业需求、课程、师资等教学资源引入学生培养体系，鼓励开展订单式培养、新型学徒制培养。

三是提升公共实训基地和社会培训机构培训能力。统筹民办职业培训机构布局和专业设置，满足社会对技能培训多层次、多样化需求。整合利用现有各类职业教育培训资源，依托大型骨干企业（集团）、重点职业院校和培训机构，建设一批示范性高技能人才培养基地和公共实训基地。强化重点群体的就业培训，加大职业技能培训力度。同时，有关部门还要做好职业标准开发，为规范、有序开展技能人才评价提供坚实基础。

3. 不断完善人力资源服务业制度和政策体系

人力资源服务业的健康发展离不开制度和政策体系的约束和支撑。法律制度限定经济主体的活动范围和可选择集合，政策为产业发展提供支持，解决企业发展面对的困难。

一是不断完善我国劳动法律制度，加快重点领域立法。针对经济社会发展带来的劳动关系新情况、新问题，及时完善法律制度，一方面，在总结实践经验的基础上，制定新的法律规范以补齐短板、填补空白；另一方面，对现行劳动法律规范中明显落伍于新形势、新情况的内容进行修改或废除。特别是面对平台经济下灵活用工群体规模快速扩展这样的新情况，及时以法律手段明确劳动者求职、用人单位招聘、人力资源市场服务、人力资源市场发展等方面的标准并加强监督，保障劳动者合法权益。

二是完善人力资源服务业发展的政策体系。从财政支持政策、税收优惠政策、金融扶持政策、工商登记政策、土地用房政策、人力社保政策等入手，形成促进人力资源服务业发展的政策体系，打造人力资源服务业的政策高地。

三是逐步规范各地人力资源产业园区的"税收返还"政策，防止恶性竞争。不断整治和清理不利于市场资源优化配置，阻碍市场公平竞争，扰乱市场经济秩序的人力资源产业园税收优惠政策，确保人力资源行业回归服务主业、良性健康发展。

参考文献

国务院研究室编写组：《十四届全国人大一次会议〈政府工作报告〉辅导读本 2023》，人民出版社、中国言实出版社 2023 年版，第 332 页。

侯增艳：《国际人力资源服务业发展及启示》，《中国人力资源社会保障》2013 年第 10 期。

金观平：《确保就业形势总体稳定》，《经济日报》2023 年 6 月 19 日第 1 版。

柳东梅：《灵活用工平台三方主体涉税问题探讨》，《财务与会计》2021 年第 22 期。

王征、唐鑛：《新经济时代人力资源服务业发展研究——国际经验与中国实践》，《中国劳动》2019 年第 12 期。

萧鸣政等：《中国人力资源服务业蓝皮书（2021）》，人民出版社 2022 年版。

薛载华律师团队：《灵活用工平台涉税风险研究报告（2023）》，https://www.haolinggong.com/shows/2/7892.html。

杨剑等：《国内人力资源服务业研究综述——基于 CNKI 2002—2022 年的文献分析》，《黑龙江科学》2022 年第 23 期。

后　记

　　人才是第一资源，是全面建设社会主义现代化国家的基础性、战略性支撑。习近平总书记2021年9月在中央人才工作会议上指出，当前，我国进入了全面建设社会主义现代化国家、向第二个百年奋斗目标进军的新征程，我们比历史上任何时期都更加接近实现中华民族伟大复兴的宏伟目标，也比历史上任何时期都更加渴求人才。二十届中央财经委员会第一次会议提出，"加快塑造素质优良、总量充裕、结构优化、分布合理的现代化人力资源"。在新征程上，着眼强国建设、民族复兴的战略安排，加快塑造现代化人力资源，以人口高质量发展支撑中国式现代化，意义重大。

　　2022年年初，中国社会科学院人口与劳动经济研究所与人力资源和社会保障部人力资源流动管理司合作，联合开展中国人力资源市场监测，依托国家级人力资源服务产业园、代表性人力资源服务企业、地方人才公共服务机构，从劳动供给、劳动需求和供需匹配三个方面开展抽样调查，每季度监测近千家用人单位和人力资源服务机构，调查约6000个求职人员，观察人力资源市场运行状况，发现最新的问题，提出有针对性的对策建议，旨在为推动高质量人力资源市场体系建设和更高质量、更加充分就业提供决策参考。

　　该项调查实施以来，积累了一批能够反映最新人力资源市场动态变化的数据，同时纳入中国社会科学院人口与劳动经济研究所数据实验室统一平台,服务于科研人员开展相关领域研究。人力资源研究室与数据实验室组成联合研究团队,计划依托这套数据开展一系列专题研究,陆续发布中国人力资源市场发展报告,期望能够发挥研究团队的智库功能。

中国社会科学院大学副校长高文书教授以及中国社会科学院人口与劳动经济研究所王智勇研究员、屈小博研究员、贾朋副研究员是中国人力资源市场监测项目课题组成员,参与了监测调查方案设计以及具体实施,在中国人力资源市场发展报告撰写过程中也给予了相关支持。后续将继续围绕相关专题开展合作研究,发布集体性研究成果。

蔡翼飞，中国社会科学院人口与劳动经济研究所副研究员。研究方向为人力资源与人力资本。

程杰，中国社会科学院人口与劳动经济研究所副研究员。研究方向为劳动经济与就业政策。

管振，中国社会科学院人口与劳动经济研究所博士后。研究方向为劳动经济。

马佳丽，中国社会科学院财经战略研究院博士后，中智科技集团有限公司研究员。研究方向为人力资源开发与产教融合。